U0926144

中国商业银行信用风险估算与防范研究

基于房地产价格调整的视角

RESEARCH ON THE ESTIMATION AND PRECAUTION OF CREDIT RISKS OF CHINA'S COMMERCIAL BANKS
-FROM THE PERSPECTIVE OF REAL ESTATE PRICE ADJUSTMENT

王涛 著

COMMERCIAL BANKS

北 京

图书在版编目(CIP)数据

中国商业银行信用风险估算与防范研究:基于房地产价格调整的视角 / 王涛著.
北京:中国经济出版社,2017.8
ISBN 978-7-5136-4341-2
Ⅰ.①中… Ⅱ.①王… Ⅲ.①房地产—商业信用—金融风险防范—研究—中国
②商业银行—金融风险防范—研究—中国 Ⅳ.①F832.45 ②F832.33
中国版本图书馆 CIP 数据核字(2016)第 191134 号

责任编辑 姜 静
责任印制 马小宾
封面设计 华子图文

出版发行 中国经济出版社
印 刷 者 北京科信印刷有限公司
经 销 者 各地新华书店
开 本 710mm×1000mm 1/16
印 张 12.75
字 数 164 千字
版 次 2017 年 8 月第 1 版
印 次 2017 年 8 月第 1 次
定 价 48.00 元
广告经营许可证 京西工商广字第 8179 号

中国经济出版社 **网址** www.economyph.com **社址** 北京市西城区百万庄北街 3 号 **邮编** 100037

本版图书如存在印装质量问题,请与本社发行中心联系调换(联系电话:010-68330607)

前 言

国家统计局数据显示,2003 年至 2008 年的 6 年间,全国住宅销售均价由 2197 元/平方米上涨至 4456 元/平方米,北京市住宅销售均价由 3576 元/平方米上涨至 11648 元/平方米,分别上涨 103% 和 226%。根据中国房地产信息网最新数据,以北京市为例,2009 年 12 月普通商品房一类地段集中成交价为 34500 元/平方米,同比上涨 97%①,我国房地产价格的过快上涨已成为不争的事实,并引起了各级政府、国内外经济学人士的广泛关注。从经济增长速度、信贷投入力度、固定资产投资规模以及资产价格上涨幅度等多方面考察,我国目前已面临严峻的房地产价格调整压力,在房地产价格调整背景下,深入研究房地产相关信用风险对商业银行的影响,是十分迫切又十分有意义的课题。

房地产信用风险具有多样性和复杂性,对其进行估算和计量有着相当的难度,本书第一次尝试将房地产相关的信用风险进行归类细分研究(共分为 5 大类风险),并大量采用压力测试(基于随机过程的压力测试、基于历史模拟的宏观压力测试)、计量与多元统计方法(如时差分析、聚类分析、滤波分析、判别分析)、资产组合理论(如 MV 模型法、因子分析法)等统计学和数理经济学的理论与方法,对不同类型房地产信用风险的产生原因、传导机制、影响程度以及防范措施等进行了全面的分析、估算和归纳,得到了许多具有理论意义和实践意义的结论。

本书共分为 10 章,其中第一章和第十章分别为导论和结束语部分;

---

① 数据来源:中国房地产信息网,http://www.realestate.cei.gov.cn。国家统计局公布数据为:2009 年中国 70 个大中城市房价同比上涨 1.5%,但这个数据受到了广泛的质疑。

第二章和第七章分别对房地产业的行业特征(重点是波动特征)、房地产在国民经济中的地位及对相关行业的影响进行了分析,为房地产业相关信用风险的情景分析和参数设定提供基础;在上述研究成果基础上,第三章至第六章对房地产直接相关的四类信用风险,即房地产开发贷款信用风险、个人住房贷款信用风险、土地储备贷款信用风险和抵押价值风险的成因、防范进行了阐述,重点对价格调整压力下四类信用风险的规模进行了估算;第八章对房地产行业的信用风险进行了宏观压力测试,研究了房地产行业的波动对其他行业信用风险的影响;第九章重点从行业限额的角度,对防范房地产行业的信用风险进行了深入的研究和探讨。

通过以上研究,本书得到了以下重要结论:

第一,中国的房地产经济周期以短周期为主,1992 年前周期长度在 3 ~ 5 年,1993 年后周期长度有逐渐缩短的趋势,且表现出了 2 年超短周期特征。在房地产市场化程度较高的近 15 年,房地产行业的周期性特征以增长率周期为主,房地产的绝对价格整体上处于绝对上涨之中,没有体现出明显的因价格调整导致商业银行信用风险大起大落的特征。中国房地产对 GDP 的贡献已达到 20% 左右,高产值、强拉动作用及高杠杆率,导致商业银行在房地产价格持续过快上涨的过程中,面临严重的价格调整带来的信用风险问题。

第二,基于行业现金流的随机模拟结果显示,温和压力情景下,当房价下跌幅度由 5% 增大到 40% 时,房地产开发贷款的违约概率从 9. 52% 上升到 40. 46% ,预计出现的房地产开发贷款增量损失约在 500 亿元至 3000 亿元之间。考虑到 2008 年末中国银行业整体的资产减值准备数量和利润水平,在温和压力情景下即使按房价下跌 40% 、回收率 60% 计算开发贷款损失,中国银行业也完全可以应对房价较大幅度的调整压力。但如果房价继续上涨,且政府不能正确引导开发商的投资预期,在房价接近拐点之前非理性投资继续增长,后果可能不堪设想。

第三，由于目前中国住房金融深化程度尚低，个人住房贷款总体上是比较安全的，若以最差情景估计，违约概率大约可上升至8.5%左右。由于中国LTV值较高，且不存在个人破产制度，最差情景下最大违约损失应在500亿元之内。

第四，根据对中国显性土地储备贷款整体信用风险的估算，在房价下跌40%的极端情形下，可能形成的增量违约贷款约436亿元，可能出现的增量贷款损失约65亿元。隐性土地储备贷款由于透明度低，规模难以统计，无法进行信用风险估算，但由于其操作不规范导致的高风险特征，应引起商业银行和监管机构的高度重视。

第五，抵押价值风险包括贷款损失风险和信用收缩风险两类。对贷款损失风险，如果以实际抵押率中间值估算，当房地产价格下降10%时，将出现抵质押缺口值约125亿元；下降20%时，抵质押缺口值约600亿元；假设出现极端情况，下降50%时，抵质押缺口值约2700亿元。对于信用收缩风险，当房地产价格调整30%时，信用收缩金额约1100亿元，其他调整幅度下的信用收缩量由于无法得到细分的抵押率数据尚不能计算。

第六，中国商业银行长期受计划经济的影响，市场化程度不高，1990—2006年中国商业银行的制度和管理模式发生了根本性变化（同时包括一些注资和剥离行为），现有的宏观金融数据较难进行信用风险的宏观压力测试研究。在对相关数据进行一定的处理和估计以后，将价格调整压力转换为滞涨情景，可以得到在通货膨胀率为7%、名义GDP 3.25%的情景下，不良贷款率可能上升约1.1%的结论。

第七，商业银行可在一系列监管约束和风险偏好约束下进行较为科学的行业组合管理工作。对于规模较大，管理较规范，数据积累充足的商业银行可采取资产组合优化模型确定行业限额；如果数据积累不充分，或者经过组合分析发现组合结果较难实施，则可使用基于压力调整的集中度管理方法；对于一般的商业银行，则建议采用基于承认现实的同业占比法。当然，在条件满足的情况下（如实施性价比较高，且准确度较好），上述方法的联合运用和校验当然是最优的行业限额确定方案。

综合国内外主要相关研究成果，本书首次比较系统地研究了中国房地产价格调整下商业银行的信用风险问题，且多个章节无论从研究方法还是研究内容上都有较多的创新，主要创新概括如下：

首先，对中国房地产周期进行了分区间讨论，并以房地产行业为例，较系统地提出了商业银行行业信用风险管理思路和方法，即在充分考察一个行业的影响力和波动性的基础上，综合运用风险计量方法和压力测试方法对该行业的整体信用风险进行分析和测度，估算银行的风险承受能力，提出风险管理措施。

其次，对房地产相关信用风险进行了分类，对中国房地产行业相关信用风险及其影响进行了全面估算。其中，基于行业总量数据，运用现金流随机模拟方法对房地产开发贷款的信用风险进行全行业压力测试；对基于价格调整压力的中国个人住房贷款整体信用风险进行估计；对土地储备贷款信用风险的成因和防范问题进行了系统研究，并对基于价格调整压力的土地储备贷款的整体信用风险进行了估算；对抵押价值风险进行了分类，并对中国银行业抵押价值风险的整体状况进行了压力测试。

最后，综合运用 MV 模型法、因子模型法、经济资本评价法、承认现实的同业占比法，系统地提出了核定商业银行行业贷款限额的理念和方法，并以房地产行业为例进行了实证分析。

当然，由于受时间、篇幅和数据等多方面限制，本书难免存在许多不足之处，尚需完善的内容以及未来的研究方向，在“结束语”一章进行了详细阐述，请各位读者指正。

笔者

2016 年 6 月

目　录

第一章　导论

第二章　中国房地产周期波动与价格调整压力

第三章　房地产价格调整与开发贷款信用风险

第四章　房地产价格调整与个人住房贷款信用风险

第五章　房地产价格调整与土地储备贷款信用风险

第八章 基于房地产价格调整的信用风险宏观压力测试

第九章 商业银行应对房地产价格调整信用风险的对策

|第一章|

导论

第一节　研究背景与问题的提出

正当人们热衷于讨论美国房地产业的经济引擎作用与中国房地产行业的极度繁荣时，次贷危机的突然爆发几乎让全世界的经济学家、金融学家集体失语。美国的金融体系为何如此不堪一击？美国经济学界对金融危机和房地产金融问题的把握能力如何？中国在相关领域的研究又处在什么水平？危机爆发后，当国际主要银行普遍应用压力测试对金融机构的风险承担能力进行测试时，国内对这种风险管理方法却知之甚少，中国银监会组织各大银行进行的压力测试甚至因为技术水平、人才等原因不得不中途放弃。我们不得不考虑，在目前的宏观经济背景下，中国金融安全（尤其是房地产金融安全和银行安全）现状到底如何？我们应如何提高商业银行的信用风险管理水平？我们应如何从金融风险的视角去管理好房地产这个特殊的行业？更为重要的问题是，如果房地产市场的现状已是无法改变的现实，当房地产价格出现深幅调整的时候，我们的损失会有多大？

国家统计局数据显示，2003 年至 2008 年的 6 年间，全国住宅销售均价由2197元/平方米上涨至4456元/平方米，北京市住宅销售均价由3576元/平方米上涨至11648元/平方米，分别上涨103%和226%。根据中国房地产信息网最新数据，以北京为例，2009年12月北京市普通商品房一类地段集中成交价34500元/平方米，同比上涨97%。房价的过快上涨已引起了中国各级政府、国内外经济学人士的广泛关注。

已有研究成果对房地产金融风险给出了一定的分析和解释。从宏观角度看，房地产业为易受宏观经济波动影响、对货币政策敏感、波动幅度较大的行业，由于房地产兼具投资品和必需品的特征，在刚性需求和增值预期的影响下极易形成整个行业的投资过热和房地产商品的价格泡沫。从中观或者微观角度看，房地产业为资本密集型产业，资金需求量大且严重依赖银行贷款，由于自有资金比例偏低，房地产企业对于环境波动的抗风险能力较弱，当房地产市场价格下跌并导致销售量急剧萎缩时，企业的资金缺口会迅速放大，房地产开发商的违约行为会迅速增加。从各国金融危机和银行危机的教训来看，房地产市场的崩盘往往是引发金融危机和银行危机的导火索，且影响范围广，破坏力大。从房地产市场引发金融危机的最新特征来看，由于透支（按揭）消费的盛行及金融衍生产品对系统风险的放大作用，房地产市场的脆弱性进一步增加。始于2007年的美国次贷危机进一步提醒我们，房地产市场与金融市场的关系永远是经济理论工作者和金融从业人员应持续关注的重要领域。本书结合全球历史上重大的经济和金融危机案例，对中国目前的房地产金融安全问题进行较为深入的背景分析。

一、房地产金融危机与房地产价格过度上涨

对全球历史上五大金融危机、十八次金融动荡①进行比较研究可以

---

① 五大金融危机：西班牙（1977）、挪威（1987）、芬兰（1991）、瑞典（1991）和日本（1992）；其他金融危机：澳大利亚（1989）、加拿大（1983）、丹麦（1987）、法国（1994）、德国（1977）、希腊（1991）、冰岛（1985）、意大利（1990）、新西兰（1987）、英国（1973、1991、1995）和美国（1984）。

发现，每次危机都伴随着房地产价格在危机前的高涨和危机后的快速下跌：房地产价格一般从危机前四年开始呈加速增长趋势，并在T期达到峰值，然后剧烈下挫。十八次金融动荡、五大金融危机及2006年以来爆发的次贷危机，无一例外（如图1－1所示），并且五大金融危机前房价指数比十八次金融动荡前的平均值要高，而次贷危机前的房价指数则比五次金融危机的平均水平还要高，这表明次贷危机前美国的房地产泡沫更为严重，而现实也已证明，次贷危机后美国房价的下跌要明显快于五大金融危机及十八次金融动荡，且跌幅更深。

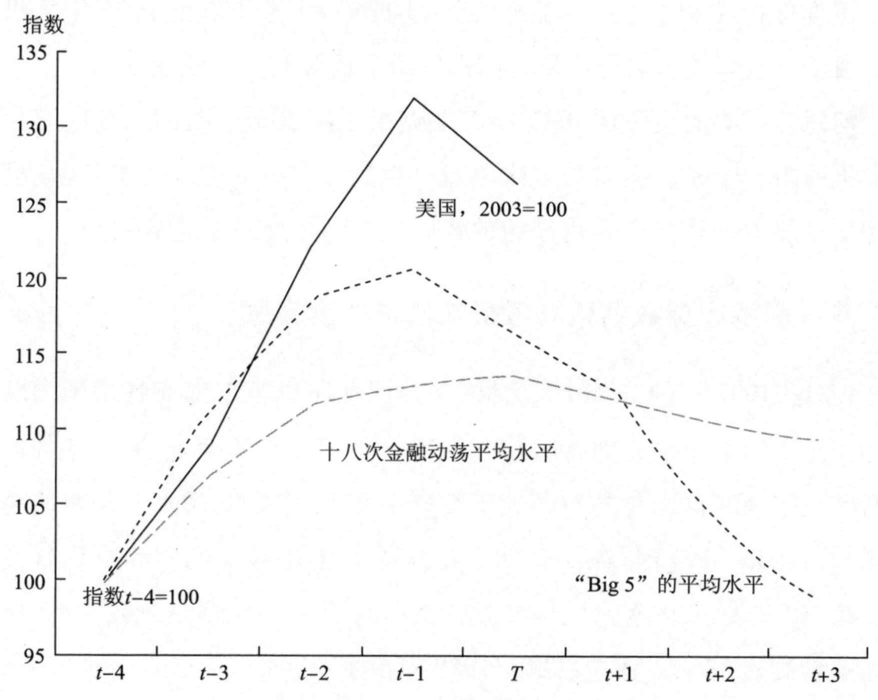

图1－1　金融危机与房地产价格变动情况

资料来源：国内某商业银行研究报告，张红军（2008）根据NBER网站资料整理。

注：实线代表美国危机，短虚线代表五大金融危机的平均水平，长虚线代表国家银行业危机的房价平均水平。起始点的房价指数均为100；危机经济指标的比较资料来源：Carmen M. Reinhart & Kenneth S. Rogoff，2008。

问题一：如果以1992年作为中国房地产市场化的分界点，中国的房地产价格在经历了18年的持续上涨与近8年的加速上涨之后，是否也将面临拐点并将导致金融危机或者银行危机呢?

二、房地产金融危机与危机前经济快速增长

以东南亚金融危机为例，泰国、韩国和菲律宾在1997年以前连续15年保持6%～8%的增长率，其中1990—1995年，泰国GDP的平均增长率高达9.04%。日本20世纪90年代发生危机前的15年间经济平均增长速度保持在4%左右。墨西哥在20世纪80年代末至1994年危机前，由于一系列改革取得成果，同样经历了较长的经济繁荣期。

问题二：中国经济自1992年以来克服了国有企业改制、东南亚金融危机冲击、通胀、通缩等多次困难，保持了7%～14%的增长速度，其中9年在10%以上，经济繁荣的背后是否同样隐藏着危机呢?

三、房地产金融危机与危机前信贷过度膨胀

1981—1997年的17年间，韩国、泰国和印尼等东南亚各国国内信贷的实际平均增长率分别高达13%、17%和25%。20世纪90年代的墨西哥实行了利率自由化的改革，银行贷款保持了每年20%～30%的高速增长。1985—1990年泡沫时期，日本法人企业筹集的405万亿日元中，有185万亿来自金融机构贷款，银行对个人的住房贷款仅1986年的增速就高达58%，并在1987—1990年翻了一番。

问题三：中国信贷和货币投放量同样面临高速增长，1992—2009年的17年中，M2增长率有两年超过30%、4年超过20%、16年接近或超过15%，2009年M2的增长率达到27.68%，且个人住房贷款以更加惊人的速度迅速膨胀，这是否意味着中国银行业的信贷投放同样过度，整体信贷或者房地产贷款市场已存在相当高的风险了呢?

四、房地产金融危机与危机前投资过度膨胀

亚洲金融危机前的1986—1995年，韩国、泰国以及印尼等国的投资占GDP平均比例分别高达33.9%、36.3%和32.6%，1996年更是达到40%以上，导致电子、汽车等一些关键工业部门以及房地产业出现生产能力过剩。

问题四： 2009年中国最终消费对GDP的拉动为4.6个百分点，对GDP的贡献率达52.5%；资本形成对GDP的拉动为8.0个百分点，资本形成对GDP的贡献率为92.3%（资本形成总额不完全是固定资产投资，还包括库存）；净出口对GDP的拉动为-3.9个百分点，净出口对GDP的贡献率为-44.8%。中国GDP构成中如此高的投资占比已是世界罕见，这是否意味着投资过度膨胀并将导致房地产业过剩和泡沫呢？

五、房地产金融危机的一般逻辑

宽松的货币政策和财政政策→投资过度下的经济繁荣及资产价格泡沫形成→经济政策反转出现预期改变→资产泡沫破裂导致金融危机爆发→信贷收缩对虚拟经济和实体经济均构成重大伤害。

问题五： 中国的货币政策是否已连续多年宽松？为了管理通货膨胀，预期下一步的货币政策定位如何？中国的房地产价格是否已达到阶段性新高？在房地产宏观调控下投资者购房预期是否已发生改变？如果房地产价格出现大幅下跌，对中国银行业影响有多大？

六、本节小结

从上文的对比分析可以发现，从经济增长速度、信贷投入力度、固定资产投资规模和资产价格上涨倍数等各方面考察，中国目前的状况已

与历史上主要金融危机和银行业危机爆发前的状况极其相似，至少可以确认存在巨大的房地产价格调整压力。那么，这是否意味着中国已离爆发银行业危机甚至金融危机不远了呢？更为关键的是，如果房地产价格出现明显调整，中国银行业的承受能力如何呢？这些都需要我们对房地产相关信用风险进行充分的研究和估计。

第二节　研究主题与结构安排

对房地产市场崩盘引发金融危机的研究可以有不同的切入点，如资产价格与货币政策、房地产泡沫及其判断标准、房地产投资与汇率的关系、房地产周期与经济周期、房地产周期与金融稳定等。笔者认为，从行为金融学的角度来看，人们在繁荣期忽视风险、在萧条期放大风险的本性是很难改变的，法不责众的思想更加使中国商业银行的决策者不愿意放弃任何以冒险换取收益的机会，而产权不明晰导致的风险意识淡化会加剧这种现象的出现。因此，本书认为对房地产泡沫程度的判断常常意义不大，且由于社会科学的特点，量化过程十分困难。而在一个现实的房地产市场状况下，判断一个国家银行业的整体信用风险状况，判断在一定价格调整压力下，一个金融主体如商业银行的风险承担能力如何，常常是可行的且最为重要的。综上，本书的研究主题和意义可以概括如下：

首先，运用最新数据对房地产周期、房地产与国民经济的关系等影响房地产金融风险的基础性问题进行独立重新判断。

其次，探讨房地产相关信用风险的分析思路和计量方法。

再次，对房地产价格调整下中国房地产相关信用风险进行整体估算。

最后，探讨防范房地产相关信用风险的方法和措施。

同时，笔者发现，对于房地产相关的信用风险至今没有权威的定义和分类，大多数研究对房地产相关风险只是泛泛而谈，甚至对信用风险和市场风险都不加以区分；而重点研究信用风险的文章大多只涉及其中一部分，如开发贷款信用风险或者按揭贷款的信用风险问题，完全不能体现房地产相关信用风险多样性和复杂性的特点。笔者经过对国内外研究成果的总结，结合自身的工作实践，认为房地产相关的信用风险应分为5类，即开发贷款信用风险、个人住房贷款信用风险、土地开发贷款信用风险、抵押价值风险，以及因房地产行业对相关行业的影响而产生的信用风险在行业间的传导问题。本书将从这五个方面着手，全面论述房地产相关信用风险问题。全书共分为十章，具体结构安排如下：

第一章，对研究的意义进行阐述，对阅读的文献进行整理，对全书的结构安排、方法选择进行说明，对本书的主要内容和主要创新之处进行概述。

第二章，房地产业的周期性波动及房地产价格的调整是导致房地产业相关信用风险最主要的因素，本章结合中国房地产业的特点，运用严格的计量方法，对中国房地产周期的特点和房地产价格调整压力进行分析，为研究房地产价格调整给商业银行带来的信用风险奠定基础。

在第一至第二章研究成果的基础上，对房地产专门贷款（指直接与房地产行业相关的贷款，本书包括开发贷款、个人住房贷款和土地储备贷款）的信用风险状况进行估算，对相应贷款的信用风险防范措施进行研究。

第三章，房地产开发贷款为房地产相关信用风险中规模最大，信用风险程度最高的贷款之一。为科学估计基于价格调整压力下中国房地产开发贷款的整体信用风险状况，并克服各商业银行在压力测试方法、压力测试范围上无法统一，在压力测试结论上无法加总的矛盾，本章基于行业总量数据，利用基于现金流量的随机模拟方法，对中国银行业全部房地产开发贷款的整体信用风险进行压力测试，并揭示中国商业银行承担房地产下行周期冲击的能力。

第四章，对房地产相关的第二大类贷款个人住房贷款的信用风险问题进行详细讨论。由于房地产价格的调整对不同的购房者将造成不同的影响，不同贷款主体结构的商业银行也将面临不同的信用风险状况。本章在对中国商业银行目前的个人住房贷款现状进行充分调研的基础上，利用个人住房贷款信用风险分析的一般方法，提出了分析中国目前个人住房贷款信用风险的思路，对总体信用风险状况进行估计，对商业银行的承受能力进行评估。

第五章，除房地产开发贷款和个人住房贷款外，还有一类直接与房地产相关的贷款容易被忽视，即土地储备贷款。土地储备贷款是在土地招拍挂总体框架下，近几年得到迅速成长的贷款品种。由于该种贷款的借款主体常常比较模糊，还款来源常常受到政府的干扰，多数银行对该贷款的风险评价尚处于探索阶段。但是，由于该贷款品种的规模增长较快，且受房地产经济周期影响较为明显，加之中国地方政府土地财政问题和隐性债务问题已十分严重，逐渐成为商业银行房地产类贷款重点关注的领域之一。本章综合考虑法律风险、财政隐性债务风险等因素，对土地储备贷款的借款主体、还款来源和风险防范措施进行研究和探讨，在房地产价格压力下，对中国土地储备贷款的总体风险进行评估。

除第三至第五章关于房地产行业直接相关贷款的信用风险问题外，商业银行尚因房地产行业的周期性波动而面临第六章和第八章提到的风险问题。

第六章，由于房地产为目前中国商业银行贷款的主要抵押物，并且为各借款主体主要的资产存在形式之一，房地产价格的调整将引起商业银行抵押物价值的波动及借款主体净资产的变化，从而对商业银行的信用风险构成实质性影响。本章在充分调研的基础上，对抵押价值相关风险进行实证分析和测度。

第七章，国民经济中的各个行业是相互关系的，如果一个行业信用风险增加的原因是该行业陷入衰退，那么该行业的衰退必然引起紧密相关行业的不景气，并导致相关行业的信用风险增加。深入研究行业之间及行业与国民经济之间的信用风险传导问题，构成本书第七～第八章的主要内容。本章重点研究房地产业与国民经济及各部门（也称各行业）间的关系，为第八章的信用风险分析奠定基础。

第八章，本章在第七章对房地产业的地位及影响进行分析的基础上，按照房地产行业影响国民经济、国民经济与银行业资产质量密切相关这个逻辑，探讨房地产价格调整导致行业不景气的压力情景下，中国商业银行总体信用风险的变化情况。技术路线为以贷款违约率作为评估银行系统信用风险的指标，使用 Logit 模型将贷款违约率转化为综合指标，以综合指标作为因变量与宏观经济因素进行多元线性回归分析，通过假设情境法进行宏观压力测试，定量分析房地产行业波动导致宏观经济因素波动对中国银行体系贷款违约率的影响。

第九章，不同的融资类型、不同的行业特点有不同的信用风险防范措施，除第四至第八章提到的信用风险防范措施以外，本书认为，房地产为适宜进行限额管理的行业。该章综合运用 MV 模型法、因子模型法、经济资本评价法、基于承认现实的同业占比法，系统地提出了核定商业银行房地产行业贷款限额的思路和方法，并进行实证分析。

第十章，结束语，对本书的结论进行最简要的概括，对研究不足之处进行总结，并提出下一步研究的方向。

本书的整体技术路线如图 1－2 所示。

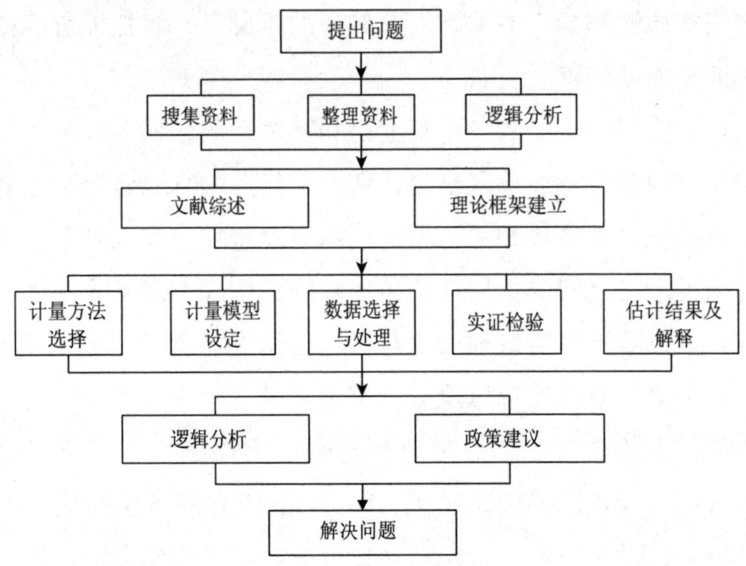

图 1－2　整体技术路线图

各章节间的逻辑路线如图 1－3 所示。

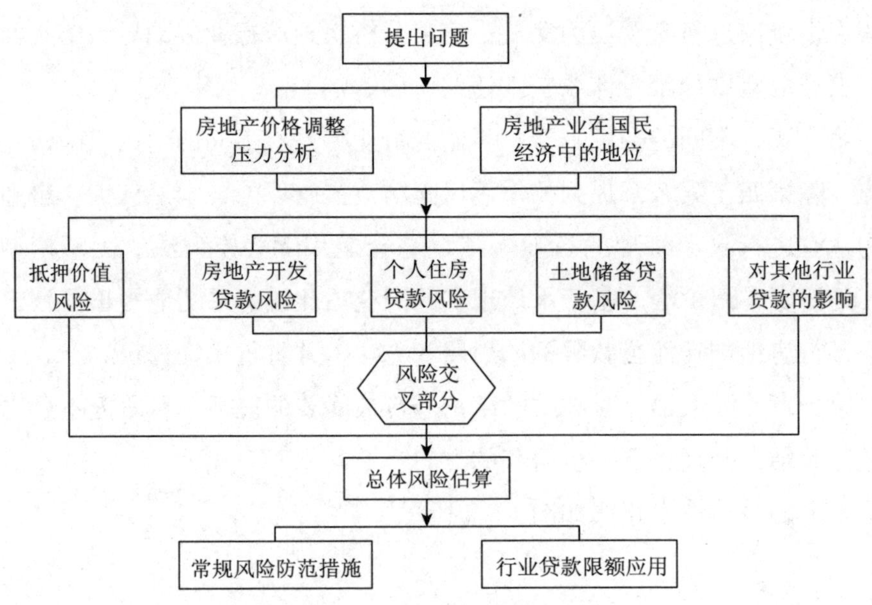

图 1－3　各章逻辑路线图

第三节　文献综述与研究方法

一、相关研究文献综述

很显然，本书的研究属于房地产金融风险的范畴。由于房地产市场的崩盘和金融危机的共生性特征，人们对房地产泡沫风险的关注在一定程度上已与金融危机和银行业危机等同，书中从多个角度进行了许多有意义的研究。由于信用风险管理的本质是识别风险、测度风险、防范风险，本书亦将沿着识别、测度和防范这个顺序，对相关研究文献进行综述。

（一）国外研究成果

1. 房地产周期的存在已为诸多研究所证明

Mitchell（1927）认为，由于建筑活动受人口增长、房屋折旧、维修及投资利润率高低等因素的影响，建筑业的供求不像工业那样可以无限地扩大或缩减，而且庞大的建筑投资对经济活动的影响更为明显和巨大，由此形成一定的波动，这是关于房地产周期的比较早的经典研究。Roy 和 Wenzlick（1980）以美国房地产市场交易量为依据，通过分析 1795—1973 年美国房地产的周期波动循环变化，指出美国房地产的长期波动周期约为 18 年。Pyhrr（1982）指出，房地产周期波动从根本上说是由供求变动决定的，为此他将房地产周期波动分为 5 个阶段，每个阶段的波动因素互有区别。Grebler 和 Burns（1982）分析了美国 1950—1978 年房地产总体建筑、公共建筑、私人建筑和住宅建筑，发现了 6 个住宅周期和 4 个非住宅的房地产周期，并且发现 GNP（经济周期）领先房地产周期 11 个月达到峰值。Brown（1984）考察了 1968—1983 年美国家庭住宅的销售情况，在消除了季节影响和趋势影响之后，发现房地产周期依然存在，并且与国民经济周期具有很强的相关关系。

Prichell（1984）研究了1967—1982年美国经济周期对房地产投资的影响，其结论是：房地产供求之间存在着领先/滞后关系，从而存在周期波动，描述房地产周期的最优指标是空置率。Hehman（1985）检验了1979—1983年美国14个城市的写字楼市场，并将写字楼租金对GNP、城市就业、城市失业率、城市写字楼建设许可数量等进行了回归，发现写字楼租金不仅依据本地的经济情况进行调整，而且与国民经济周期密切相关，特别是与通货膨胀相关，从而证明了美国全国写字楼市场具有很强的周期特征。Wheaton（1987）考察了“二战”后美国的写字楼建设和空置情况，发现了12年为一循环的周期，并且发现写字楼周期的发生频率要小于国民经济周期的发生频率，Grenadier（1995）的研究也证实了这一结论；Barrast和Ferguson（1985，1987）研究了英国的建筑周期波动，认为建筑周期的需求循环大约为4～5年，主要反映经济景气波动及政府政策的变动，而建筑周期的供给循环大约为9年，主要反映生产过程的落后状况。Prhrr和Born（1994）将经济周期中的基本变量和房地产价值联系起来进行研究，考察了价格水平波动、通胀水平波动和房地产生命周期等变量对房地产收益和价值的影响，从而确立了基本经济变量在房地产周期模型中的地位。

2. 房地产周期将引起资产价格的显著波动，资产价格的波动将引起银行危机甚至金融危机

Bemanke和Lown（1991）研究了资产价格波动对银行信用扩张的影响，该文认为由于信用市场存在着大量的信息不对称和激励问题，导致信用市场摩擦的存在，这也意味着资产负债表状况和现金流状况是私人部门借贷能力的重要决定因素；企业和家庭将它们所持有的资产作为抵押品来进行借贷，从而减轻信息和激励问题（Bemanke and Gertler，2000），但当资产价格大幅下跌时，会导致银行和借款者的资产负债表状况恶化，从而影响到银行的信贷扩张能力和借款者的信用获得能力，

进一步造成信用紧缩（Credit Crunch）。Kiyotaki 和 Moor（1997）的动态模型中将公司分为信用约束型公司和无信用约束型公司，并引入耐用资产作为担保品和投资品，即当信用约束型公司面临资产价格下跌时，它们的净资产随即减少；由于借贷能力受约束，公司必然减少投资支出，从而对耐用资产的需求也随之减少，导致耐用资产价格的下跌，而耐用资产价格的下跌进一步降低公司的净资产，影响公司的借贷能力，造成信贷收缩；特别是资产价格的下跌，不仅影响当期信用约束公司的净资产，而且影响以后各期信用约束公司的净资产，造成整个经济体系的信用收缩和资产价格的全面下跌。Goetzvon Peter（2003）将银行和资产价格纳入到一个简单的宏观经济学模型中，研究了大范围的违约如何影响银行体系，认为信用、资产价格和贷款损失之间的相互作用对金融不稳定的发生具有解释力；在他所建立的世纪交叠模型中，资产价格起着核心作用，银行体系作为公司和家庭的支付中介而产生，银行体系在资本约束下运作。当经济基本面恶化时，负面的冲击使得资产价格下跌，这导致银行借贷者的大范围违约，并且破坏债务结构，减少了企业的利润；一旦企业破产，进一步的贷款损失会减少银行体系的股息和资本金，但由于银行不可能无限制地吸收贷款损失，一定规模的贷款损失约束了银行的贷款，造成资本金紧缩，大量的贷款损失导致不稳定的信贷收缩和金融不稳定。

当房地产周期性波动在各种因素的作用下波动幅度超过常规时，房地产会出现较大的泡沫，泡沫的破灭会对宏观经济造成巨大的损害。有关这一问题的代表文献是 Robert. H. Edelstein 和 Jean - Michel Paul（1999）的研究，他们利用土地价格预期模型解释了日本在 20 世纪 90 年代初遭遇的房地产泡沫破裂，认为产生并打破泡沫的主要原因是低利率、国际资本流动、严格的土地利用限制、优惠房地产投资的税收政策和无弹性的土地供给。上述基本的经济条件导致了过高的土地价格预期，引发了房地产投资过热，最终形成了脆弱的泡沫，当意外冲击发生时泡沫破裂。在对 1985—1994 年全球房地产周期波动的解释中，Bertrand（1996）分析了形成周期的国际因素和国内因素，认为国际资本流动、各国资本市场自由化、金融管制的放松、扭曲的财政政策和土地利用制度是全球房地产周期波动以及泡沫破裂的主要原因。

3. 信用风险的计量问题虽待完善，但成果已较丰富

Altman 是较早开始定量研究信用风险的学者，其提出的 Z 分数等一系列方法理论一直受到关注。从 20 世纪 90 年代开始，关于定量度量信用风险的研究成为一个热点课题，各种方法和模型不断出现，如 KMV 模型，CreditVar，CreditRisk，Credit Portfolio View，等等。1997 年 4 月 JP 摩根和一些机构合作（美洲银行、KMV、瑞士联合银行等），推出了一种新的度量信用风险的模型和方法，他们称这种方法为"CreditMetrics"，这种方法借用衡量市场风险时用的在险值概念，通过复杂的数学模型和计算，给出贷款组合在未来一年内、在一定置信区间内、贷款组合损失的最大值是多少，也就是相当于给出了信用风险有多大。KMV 模型是 KMV 公司推出的一种计算质量信用风险的方法，这种方法以企业在资本市场上的价值、企业的资本结构为基础，通过运用 Merton 理论计算每一个企业的预期违约概率，这一概率与企业的资本结构、资产回报率的波动性和目前的资产价值有关系，其建立了预期违约概率 EDF 与企业信用等级之间的关系，而与客户信用等级无关，大大弥补了前述方法的弊端。1999 年巴塞尔委员会公布了《信用风险模型：现在的实践和问题》研究报告，该报告详细介绍了各类信用风险模型的理论、方法和运用。其他模型的建模思路和方法各种书籍和研究报告均有大量详细介绍，此处不再赘述。

4. 当系统性风险发生时（如房地产的周期性波动），以上信用风险模型由于没有考虑或者很难考虑特殊时期信用风险参数的设定问题，常

常不能有效发现和规避系统性风险，因此压力测试便成为信用风险测度的有益补充

在 IMF 和 World Bank 联合开展的金融部门评估规划（FSAP，Financial Sector Assessment Programme）框架下，压力测试已成为评估商业银行应对各类冲击能力的重要手段。关于信用风险压力测试的英文文献可分为两类，一类是关于压力测试基本原理和方法的研究，如新加坡货币监管局（2003）、Shaw（1997）、Kupiec（1999）、Kim（2000）等，Marco Sorge（2004）对这类文献进行了较好的总结。另一类则是侧重于压力测试的实证分析，大多是基于时间序列数据和面板数据（Panel Data）的简化压力测试模型分析，如 PetrKadeřábek 等（2008）对个人贷款的违约概率进行了压力情景下的分析；Dietske Simons 和 Ferdinand Rolwes（2008）对荷兰银行业的公司借款进行了宏观压力测试。另有一些学者的研究相对深入，为解决线性假设和前人在数据处理上的不足，提出了一些新的思路，如 Michael C. S. Wong 和 Yat - fai Lam（2008）利用 KMV 模型的思想，提出了一个基于历史违约数据的压力测试模型，以期解决监管机构压力测试结果的定制问题；Mathias Drehmann（2005）利用改进的 Merton 模型，对英国银行业的公司贷款进行了宏观压力测试等。

5. 识别和测度了信用风险以后，组合管理成为实施风险管理的重要手段

商业银行的信贷资产配置问题本质上是商业银行的资产组合问题，资产组合理论能够最终将商业银行的信用风险控制落实到行业层面和操作层面。以经典资产组合理论为基础，目前贷款组合分配模型中比较有代表性的有以下两类：第一类是基于贷款组合风险最小化的决策方法，代表性的是 Morgan 和 Golinge（1993）的商业贷款组合有效前沿模型。第二类是基于单位风险收益最大的贷款组合模型，代表性的是 Altman

(1997) 的商业贷款组合分析模型。

(二) 国内研究成果

南开大学薛敬孝教授发表在1987年《南开学报》上的《试论建筑周期》一文，可以被认为是国内较早讨论房地产业周期的文章。薛先生指出，建筑周期是二重的，在50年左右的大周期中包含着较短的20年左右的周期，并指出引起建筑周期的原因总体来说是供求问题，并侧重分析了影响供求的人口增长和折旧这两个主要因素。谭刚（1993，1994）通过总结美国、日本等国及中国香港、中国台湾等地区房地产业的实际发展过程，独立提出房地产业周期的概念，并建立一个包含扩张和收缩两大阶段、四个环节的房地产周期模式景气指标体系。曹振良、李展、何国钊（1996）也认为房地产业发展与国民经济发展一样，在其发展过程中呈现出由复苏、繁荣、衰退和萧条四个阶段构成的周期性循环波动，由此形成房地产周期或房地产周期波动。梁桂（1996）认为，在市场经济下，由不动产总供给和总需求的波动及其相互作用而产生的不动产经济波动，呈现出周期性波动的特征，由此形成不动产经济周期。陈柏东、张东（1996）认为，房地产经济运行周期是房地产经济在连续不断循环运动的一个周期内所经过的各阶段和环节的流程，以房地产商品的生产为起点，包括房地产开发、建造房屋、房地产营销、使用、维修与服务、废弃等阶段或环节。刘洪玉（1999）认为，从历史发展进程分析出发，市场机制作用下总不能达到一种供需的均衡，从而定义出房地产市场的自然周期包括四个阶段：房地产市场周期的谷底、增长超过平衡点、需求继续增长阶段，供求转折点之后供给增长速度高于需求增长速度阶段，市场运行到平衡点水平之下、供给高增长、需求低增长或负增长阶段。同时他还根据对应的资本流动给出房地产市场投资周期的概念，相同的概念还被宗跃光、孟辛琳、方洁合写的《房地产市场周期理论与实践》所采用，但是在分析上稍有不同。张元瑞（1995）通过比较国民经济增长率和全国商品房销售额增长率，认为中国房地产业的周期与国民经济周期基本吻合。梁桂（1996）采用年商品房销售面积指标，分析了 1986—1995 年中国不动产经济的周期性波动及其特征，并简要分析了不动产周期与通货膨胀周期、总体经济波动周期之间的相互关系。曹振良、李展、何国钊（1996）利用商品房价格等 8 项指标，在按环比增长率得出单项指标的周期波动后，再利用景气循环法等方法，分析了 1981—1994 年的中国房地产周期波动现象和特点。在此基础上，着重探讨了中国房地产周期与宏观经济周期在不同周期阶段的相互关系，并选择投资与政策两个因素，分析了中国房地产周期的形成原因。谭刚（2000）选择总量、投资、生产、交易、金融及价格 6 类共 16 项指标，利用扩散指数方法分析了深圳房地产周期波动特征。谭刚（1993，1994）在分析国外房地产市场周期波动的基础上，构造出以间接、表层和内生三类指标组成的房地产景气指标体系，其研究结果得到梁运斌（1996）、刘震和王玉平（1999）、罗龙昌（1999）等人的认同或直接引用。国家建设部经济研究中心选取部分指标建立了具有实践指导意义的中国房地产指数；曲波、谢经荣和王玮（2003）对房地产经济周期波动进行了较为全面系统的研究；包宗华（2004）对房地产经济周期波动的内涵界定问题进行探讨；中国社会科学院财贸经济研究所“房地产业周期波动研究”课题组（2004）采用中国 1979—2002 年的数据，对房地产行业的运行轨迹和特征进行研究，并分析了影响中国房地产经济周期波动的经济因素；王文群（2005）研究指出，中国房地产经济周期波动，既有外部冲击的决定性作用，也有产业内部传导机制的作用，同时产业因素和政府行为也对房地产经济周期波动产生重要影响；王曦与刘光中（2005）对中国房地产经济周期波动与宏观经济的关系，以及中国房地产经济周期长度进行研究，结论是房地产周期大约是 7 年，但由于中国目前处于城市化跳跃式发展时期，某些城市的房地产市场可能也呈现跳跃式发展，在这种背景下，中国房地产的周期也可能会被长期上升的趋势替代。

雷泽（1999）对中国房地产金融市场进行了较全面的研究①；孙强（1999）对中国住房金融体系进行了研究②；刘春红（2000）对中国房地产抵押贷款风险进行了理论研究和实证分析③；谢经荣等（2001）对地产泡沫与金融危机进行了国际比较研究④；李夺（2004）对中国住房按揭贷款证券化的机制进行研究⑤；王福林（2004）对个人住房抵押贷款违约风险影响因素进行实证研究⑥；张寒燕（2005）对房地产投资信托（REITs）进行了系统研究⑦；邹林祥（2005）对房地产抵押贷款证券化的法律问题进行了研究⑧；周京奎（2005）对金融支持与房地产泡沫的关系进行了理论与实证研究⑨。以上学者的主要观点归纳为：①房地产发展离不开金融支持，房地产的周期变动会对金融稳定产生很大影响。在市场繁荣时，银行信贷资金大量注入房地产，上市公司募集资金也大量投入房地产开发；在市场低迷时，房产类上市公司业绩下降，银行资金深陷其中，并形成大量不良资产。②房地产市场的不规范发展影响金融稳定。1993 年中国的房地产泡沫的破灭导致出现了很多银行坏账，而亚洲金融危机期间，各国的一个共同特征是房地产价格在经过一段过度上涨后开始下跌，从而诱发银行危机。③在以银行为主导的经济中，房地产金融形式较单一，房地产的市场风险较易转化为银行信贷风

① 雷泽．中国房地产金融市场研究［D］．华中农业大学，1999.

② 孙强．中国住房金融研究［D］．东北财经大学，1999.

③ 刘春红．我国房地产低押贷款风险及其对策的理论研究和实证分析［D］．上海交通大学，2000.

④ 谢经荣．地产泡沫与金融危机［D］．中国农业大学，2001.

⑤ 李夺．我国住房按揭贷款证券化的机制［D］．吉林大学，2004.

⑥ 王福林．个人住房抵押贷款违约风险影响因素实证研究［D］．浙江大学，2004.

⑦ 张寒燕．房地产投资信托（REITs）研究［D］．中国社会科学院，2005.

⑧ 邹林祥．住房抵押贷款证券化法律研究［D］．北京大学，2005.

⑨ 周京奎．金融支持过度与房地产泡沫：理论与实证研究［D］．南开大学，2005.

险，从而使房地产周期波动中的风险高度集中于银行体系。④上述研究成果完成之时次贷危机尚未爆发，大多数研究成果对美国的住房金融制度和住房信贷的证券化产品比较推崇。

国内学者对公司违约规律的研究以财务困境的判断为主，直接以违约概率和违约损失率作为研究对象的文献较少，这与巴塞尔协议在中国的执行情况有关。陈晓等（2000 年）对财务困境的判别问题进行了研究，他们选择了 14 个财务指标在 37 个 ST 公司和 37 个非 ST 公司之间进行了对比分析，并对影响信用风险的主要财务指标进行了识别。吴世农、卢贤义（2001 年）对财务困境问题进行了更为全面的分析和研究，其特点在于样本新、时间长、容量大。林平、赵永伟（2001）在对农村信用社信用危机预警体系研究中采用了多元判别分析、Logistic 分析等方法，结论是 Logistic 分析结果略微优于多元判别分析。任惠光（2007）以中国上市公司为例，对公司财务预警问题进行建模研究和实证分析，对 Logit 模型和类神经网络模型进行了比较[①]。钱爱民等（2008）运用主成分分析法和逻辑分析等方法对上市公司财务困境问题进行了研究。

国内学者也已对信用风险压力测试做了一些很有意义的研究和探索，如刘晓星（2009）和周子元（2009）对国外压力测试的研究与实践进行了较好的综述；陈阳、陈双杰（2009）选择房价与利率作为冲击变量，对中国房地产开发企业违约概率进行了压力测试研究，认为当房价下跌幅度超过 15% 时，房地产开发企业的违约概率开始急剧上升；孙彬、杨朝军和于静（2009）对 Copula 函数在压力测试中的应用进行了研究，为组合投资风险管理提供了一个新的思路；华晓龙（2009）利用 Logit 模型，对 GDP 大幅下降和 CPI 骤升情景下中国银行体系贷款违约率进行了压力测试等。综合以上研究成果笔者发现以下几个特点，

① 任惠光．中国 A 股上市公司财务危机预警模型构建及实证研究［D］．山东大学，2007.

一是压力测试的方法无定式，既无模型上的定式（统计方法和计量方式），也无测试主体的定式（主体可以是一个经济体、一个国家、一个行业或者一个企业）；二是以定性分析和综述为主（尤其是国内的研究成果），定量分析中运用的数学模型相对简单（Logit 模型居多），且很难规避假设条件过多导致的模型风险；三是情景设定的研究与压力测试的实证没有很好地结合起来，缺少有说服力的实证研究结论；四是以宏观经济数据对整个银行业进行宏观压力测试的研究居多，分部门分区域的压力测试较少。

商业银行信贷资产组合研究方面，国内较有代表性的是迟国泰（2000）的研究，他在解决收益相同且风险不同的贷款决策问题上，运用规划方法建立了基于单位风险收益最大的贷款组合优化决策模型，迟国泰老师的博士生洪忠诚等亦有较好的研究。

（三）研究成果总体评价

总体来看，国外相关领域的研究起步较早，理论体系也比较完善。国内的相关研究也已逐步由纯定性分析向定量方向发展，研究方法上也逐步规范和严谨。但目前的研究成果尚存在以下问题：第一，国外对于房地产经济周期的研究较为成熟，但对于房地产金融风险的研究相对较少，次贷危机的爆发才使得国外学者将压力测试方法和衍生品的传染效应问题迅速推到前台；第二，国内对信用风险的成因问题大多结合中国的经济体制特点进行一些定性分析，视角较为单一，结论雷同；第三，国内对于信用风险的定量测度方法很不成熟，测算模型以借用国外活跃银行的模型为主，且缺乏完整数据的支撑，定量分析存在大量指标选取不科学，数据使用不正确，实证和理论严重脱节的现象；第四，国内对行业信用风险的研究和实践非常缺乏，基本处于空白状态；第五，国内关于房地产经济、金融领域的研究仍缺乏严谨的分析框架，缺少有分量的经济学家参与和有分量的研究成果面世，武断多于理性判断；第六，国内对于房地产相关信用风险的研究尚处于零星和零散的状态，尚没有规范的、系统性的研究成果面世。

二、研究方法的选择

根据对相关文献的充分阅读，结合中国实际情况，本书确定以下研究方法：

第一，以美国经济研究局的经典方法为基础，结合滤波分析等计量方法，对中国房地产周期进行划分和测度。

第二，综合运用各类多元统计方法和现金流量随机模拟方法，对开发贷款、个人住房贷款、土地储备贷款进行专项压力测试，并对整个银行体系的信用风险进行宏观压力测试。

第三，以巴塞尔协议相关制度为基础，充分运用计量方法，对部分房地产专业贷款建立信用等级分类模型。

第四，在充分调研的基础上，以抵押缺口值为评价对象，对中国银行业的抵押价值风险进行估计。

第五，应用资产组合理论、经济资本理念对房地产行业的贷款限额问题进行理论建模和实证分析。

第四节　主要结论与主要创新

一、主要结论

第一，中国的房地产经济周期以短周期为主，1992 年前周期长度在 3 ~5 年，1993 年后周期长度有逐渐缩短的趋势，且表现出了 2 年超短周期特征。在房地产市场化程度较高的近 15 年，房地产行业的周期性特征以增长率周期为主，房地产的绝对价格整体上处于绝对上涨之中，没有体现出明显的因价格调整导致商业银行信用风险大起大落的特征。中国房地产对GDP的贡献已达到20%左右，高产值、强拉动作用及高杠杆率，导致商业银行在房地产价格持续过快上涨的过程中，面临严重的价格调整带来的信用风险问题。

第二，基于行业现金流的随机模拟结果显示，温和压力情景下，当房价下跌幅度由5%增大到40%时，房地产开发贷款的违约概率从9.52%上升到40.46%，预计出现的房地产开发贷款增量损失约在500亿元至3000亿元之间。考虑到2008年末中国银行业整体的资产减值准备数量和利润水平，在温和压力情景下，即使按房价下跌40%、回收率60%计算开发贷款损失，中国银行业也完全可以应对房价较大幅度的调整压力。但如果房价继续上涨，且政府不能正确引导开发商的投资预期，在房价接近拐点之前非理性投资继续增长，后果可能不堪设想。

第三，由于目前中国住房金融深化程度尚低，个人住房贷款总体上是比较安全的，若以最差情景估计，违约概率大约可上升至8.5%左右。由于中国LTV值较高，且在不存在个人破产制度，最差情景下最大违约损失应在500亿元之内。

第四，根据对中国显性土地储备贷款整体信用风险的估算，在房价下跌40%的极端情形下，可能形成的增量违约贷款约436亿元，可能出现的增量贷款损失约65亿元。隐性土地储备贷款由于透明度低，规模难以统计，无法进行信用风险估算，但由于其操作不规范导致的高风险特征，应引起商业银行和监管机构的高度重视。

第五，抵押价值风险包括贷款损失风险和信用收缩风险两类。对贷款损失风险，如果以实际抵押率中间值估算，当房地产价格下降10%时，将出现抵质押缺口值约125亿元；下降20%时，抵质押缺口值约600亿元；假设出现极端情况下降50%时，抵质押缺口值约2700亿元。对于信用收缩风险，当房地产价格调整30%时，信用收缩金额约1100亿元，其他调整幅度下的信用收缩量由于无法得到细分的抵押率数据尚不能计算。

第六，中国商业银行长期受计划经济的影响，市场化程度不高，1990—2006 年中国商业银行的制度和管理模式发生了根本性变化（同时包括一些注资和剥离行为），现有的宏观金融数据较难进行信用风险的宏观压力测试研究。在对相关数据进行一定的处理和估计以后，将价格调整压力转换为滞涨情景，可以得到在通货膨胀率为 7%、名义 GDP 为 3.25% 的情景下，不良贷款率可能上升约 1.1% 的结论。

第七，商业银行可在一系列监管约束和风险偏好约束下进行较为科学的行业组合管理工作。对于规模较大，管理较规范，数据积累充足的商业银行可采取资产组合优化模型确定行业限额；如果数据积累不充分，或者经过组合分析发现组合结果较难实施，则可使用基于压力调整的集中度管理方法；对于一般的商业银行，则建议采用基于承认现实的同业占比法。当然，在条件满足的情况下（如实施性价比较高，且准确度较好），上述方法的联合运用和校验当然是最优的行业限额确定方案。

二、主要创新

从笔者搜集资料的过程中看，本书是系统地研究中国房地产价格调整下商业银行信用风险的首个研究成果，且多个章节的研究无论从研究方法和研究内容上看都是国内首次，实现的主要创新可概括如下：

首先，对中国房地产周期进行了分区间讨论，并以房地产行业为例，较系统地提出了商业银行行业信用风险管理的思路和方法，即在充分考察一个行业的影响力和波动性的基础上，综合运用风险计量方法和压力测试方法对该行业的整体信用风险进行分析和测度，估算银行的风险承受能力，提出风险管理措施。

其次，对房地产相关信用风险进行了分类，对中国房地产行业相关信用风险及其影响进行了全面估算。其中，基于行业总量数据，运用现金流随机模拟方法对房地产开发贷款的信用风险进行全行业压力测试；对基于价格调整压力的中国个人住房贷款的整体信用风险进行估计；对土地储备贷款信用风险的成因和防范问题进行了系统研究，并对基于价格调整压力的土地储备贷款的整体信用风险进行了估算；对抵押价值风险进行了分类，并对中国银行业抵押价值风险的整体状况进行了压力测试。

最后，综合运用 MV 模型法、因子模型法、经济资本评价法、承认现实的同业占比法，系统地提出了核定商业银行行业贷款限额的理念和方法，并以房地产行业为例进行了实证分析。

| 第二章 |

中国房地产周期波动与价格调整压力

房地产业的周期性波动及房地产价格的调整是导致房地产业相关信用风险最主要的因素，本章结合中国房地产业的特点，运用严格的计量方法，对中国房地产周期的特点和房地产价格调整压力进行分析，为研究房地产价格调整给商业银行带来的信用风险奠定基础。

国外关于房地产周期比较经典的早期研究成果①国内学者大多已有总结和讨论，如谭刚（2000）②、刘红（2007）③、佟克克（2006）④等，本书在第一章文献综述部分也已作了详细介绍，在此不再赘述。但大多数学者对于美国房地产 18 年长周期的考证有不尽详细之处，他们认为美国房地产 18 年长周期的概念是 Wenzlick 的研究成果，但实际上美国学者 Hoyt H. 经过对芝加哥 100 年土地价值的研究，早在 1933 年就提出了 18 年长周期的概念⑤，只是后来被 Wenzlick 引用并进行了大

---

① 主要指 20 世纪 80 年代以前的研究成果。

② 谭刚．房地产周期波动理论、实证与政策分析［D］．南开大学，2000.

③ 刘红．房地产周期与经济周期的互动机理研究［D］．中国人民大学，2007.

④ 佟克克．中国房地产周期波动理论和对策研究［D］．北京交通大学，2006.

⑤ Hoyt H. One Hundred Years of Land Values in Chicago［M］. Chicago：University of Chicago Press，1933.

量后续研究而已。次贷危机爆发后，关于房地产周期的研究再次活跃，Ramom Adalid 和 Carsten Detken（2007）对 20 世纪 70 年代以来 18 个 OECD 国家 42 个资产价格繁荣期进行了考察，解释了广义货币为基础的流动性过剩对资产价格（房地产价格为其中重要的一项）的影响；Andrey D. Pavlov 和 Susan M. Wachter（2008）认为高杠杆抵押借款金融工具的运用放大了房地产周期；Andra C. Ghent 和 Michael T. Oxyang（2009）通过对美国 36 个城市房地产周期和经济周期间关系的分析，认为从某城市（区域）而不是全国层面上，房地产周期与宏观经济周期（重点考察与就业的关系）间并不存在必然的联系；Suparna Chakraborty（2009）建立了关于信贷市场摩擦的动态模型，试图寻找日本 1980—2000 年人均产出的剧烈波动与房地产市场的剧烈波动之间的内在联系，认为生产率的波动和土地税收对产出波动及土地在商业用途和住宅用途间的转换有重大影响，鉴于日本房地产信贷的特殊模式，在信贷约束外生给定的情况下，房地产市场受到的外部冲击会通过金融加速器对经济周期产生放大和延长效果等。总体来看，国外发达国家对房地产周期的研究早已超越了对周期的识别阶段，重点研究方向是与房地产周期相关的经济、金融与社会问题。

国内对房地产周期的研究主要始于 20 世纪 90 年代。何国钊、曹振良、李晟（1996）对 1981—1994 年中国房地产周期进行了实证分析，并对中国房地产周期与宏观经济周期的关系及房地产周期波动的原因进行了考察；中国社科院房地产周期波动研究课题组（2002）从消费主体、供给主体、资金来源等 7 个方面对中国房地产周期波动的原因进行了新的解释；张晓晶、孙涛（2006）对中国 1978—2005 年的房地产周期进行了简单划分，分析了周期的驱动因素，并重点分析了房地产周期与中国金融稳定的关系；国内其他学者的相关研究还有谭刚（2001）和王东（2007）等。从研究方法和结论上看，主要有以下局限性：一是大多没有罗列重要的基础数据和模型参数的解，无法对研究成果作进一步考证；二是基于单一指标的研究较多，即使使用了多指标研究方法但在指标的选择上存在较明显的缺陷；三是没有运用国际上比较先进的计量方法对周期进行测度；四是研究时间覆盖范围较短，大多数研究的起始时间在1990年以后，且数据收集严重不足；五是从研究的时效性上看，有分量的研究成果大多在2000年以前，无法对2000—2008年中国房地产业最为异常和繁荣的阶段作出解释。因此，虽然国内关于房地产周期的研究已有20年左右的历史，但鉴于中国房地产业发展的历史与特点，现有的研究还有许多需要改进和完善的地方，广泛收集数据，利用前沿的统计学方法，结合中国国情对中国房地产周期进行更加科学的划分具有重要的理论和实践意义。

第一节　房地产经济周期研究区间的划分

对于目前的研究成果，除以上提到的五点不足以外，仅单纯考虑指标的波动，不考察中国宏观经济转轨、房地产市场转轨等外部冲击对周期划分的影响，也即不考虑不同时期统计指标的适用性问题存在方法和数据上的严重不足。笔者认为，应该分区间对房地产经济周期进行识别和研究，因为中国房地产业具备以下独有的特征：

第一，福利分房制度①占主导地位的时期价格尺度是失灵的，我们无法从产值的角度考察周期波动问题，只能从量的角度去研究，将福利分房时期和个人购房占主导的时期两个不同制度区间的变量放入同一个框架研究是不科学的。

① 1998年7月国务院颁布《关于进一步深化城镇住房制度改革加快住房建设的通知》，要求停止住房实物分配，标志着我国住房制度改革全面启动。

表 2-1　1992—2001 年中国个人购房比例

年份	1992	1993	1994	1995	1996	1997	1998	1999	2000	2001
个人购房比例（%）	38.19	48.77	54.67	49.28	53.15	66.55	71.97	80.08	77.99	91.5

数据来源：中国社科院财贸经济研究所“房地产周期波动研究”课题组．中国房地产周期波动：解释转移与相机政策［J］．财贸经济，2002（7）：26－33.

第二，除福利分房制度外，金融参与的方式与规模对中国房地产业的发展有实质性的影响，其中：1991 年是中国全面实行住房公积金制度的转折点；1998 年是中国个人住房贷款全面启动的转折点①。不考虑房地产业融资模式这个制度变量不可能得到正确的结论。

第三，中国房地产业作为一个独立产业的统计时间较短，而此前关于建筑业和固定资产投资（固定资产投资数据本身就有多种口径）的数据因为多种原因根本无法落实统一口径，不区分数据的可比性简单地统一处理也是没有意义的。

基于以上三个原因，笔者拟分区间考察中国房地产经济周期问题，“区间 1”是 1950—1992 年（43 年），即房地产市场化程度低，且金融对房地产业的参与度低的阶段；“区间 2”是 1993—2008 年（16 年），即房地产市场化程度有了实质性提高，且有了比较完善的统计数据和指标体系的阶段。

第二节　1950—1992 年中国房地产经济周期划分

根据经济周期的特点和性质的不同，一般将经济周期波动分为古典周期波动、增长周期波动和增长率周期波动，这三种周期波动的形式不

① 1988 年国发《国务院关于印发在全国城镇分期分批推行住房制度改革实施方案的通知》，明确指出金融部门要配合房改；同样是上述 1998 年颁布的文件，人民银行取消了个人住房贷款的规模限制，并允许所有的商业银行开办个人住房贷款业务。资料来源：程红梅．中国当年房地产金融思想发展研究（1978—2005）［D］．复旦大学，2007.

是互斥的，而是存在相互交叉和包含的阶段。为全面反映 1992 年以前中国房地产的周期波动性质，本书从古典周期波动和增长率周期波动两个角度进行研究和分析。古典周期波动也称传统经济周期波动，是指总体经济水平有规律性地出现上升与下降的交替和循环，在周期波动的扩张阶段，经济总量表现为正增长；在收缩阶段，则会出现绝对量的下降。增长率周期波动是指经济时间序列的增长率有规律性上升和下降的过程。

一、指标选择

计划经济时期，价格及与之相应的产值指标，即价值类指标常常是失效的，相对有效的指标为物量指标（如建筑面积、成交面积、销售面积等）；但如果考察相对指标，如变化率和占比，则可以消除价值类指标固有的缺陷。因此，为尽可能避免单指标法的不足，本书将“非生产性基本建设住宅竣工面积环比增长率”作为这个期间房地产周期波动的统计指标（基本指标），同时将“非生产性基本建设住宅竣工面积”（辅助指标 1）和“住宅投资占基本建设投资的比例”（辅助指标 2）作为重要的参考指标，进行单指标周期波动测度。考虑到 1992 年前其他统计指标统计口径难以统一，且只能得到年度数据，上述指标的选择是比较合理的。[①]

二、周期确认

1950—1992 年房地产业相关统计数据如表 2 - 2 所示。

---

① 国外比较好的研究成果大多采用了 Reits 的收益率数据，但在我国是不可能收集到相关数据的。

表 2-2　1950—1992 年房地产业统计指标数据

年份	基本建设竣工住宅面积（万平方米）	住宅投资占基本建设投资的比例	基本建设竣工住宅面积增长率（%）	年份	基本建设竣工住宅面积（万平方米）	住宅投资占基本建设投资的比例	基本建设竣工住宅面积增长率（%）
1950	—	11	—	1972	2730	5.7	51.67
1951	—	11	—	1973	2705	6.2	-0.92
1952	—	10.3	—	1974	2569	6.5	-5.03
1953	1342	12.5	—	1975	2769	5.9	7.79
1954	1327	9.3	-1.12	1976	2420	6.1	-12.60
1955	1446	6.6	8.97	1977	2828	6.9	16.86
1956	2523	8.6	74.48	1978	3752	7.8	32.67
1957	2816	9.3	11.61	1979	6256	14.8	66.74
1958	2642	3	-6.18	1980	8230	20	31.55
1959	3246	3.9	22.86	1981	7904	25.1	-3.96
1960	2979	4.1	-8.23	1982	9020	25.4	14.12
1961	1377	6	-53.78	1983	8125	21.1	-9.92
1962	768	5.9	-44.23	1984	7703	18.1	-5.19
1963	1009	7.7	31.38	1985	9565	20	24.17
1964	1534	8	52.03	1986	8915	16.1	-6.80
1965	1728	5.5	12.65	1987	6452	13.5	-27.63
1966	1080	4.4	-37.50	1988	6009	13	-6.87
1967	1080	3.8	0.00	1989	5064	12.2	-15.73
1968	1080	5	0.00	1990	4824	10	-4.74
1969	1080	5.5	0.00	1991	5688	11.2	17.91
1970	1080	2.6	0.00	1992	6919	—	21.64
1971	1800	4.3	66.67				

数据来源：1982—2002 年《中国统计年鉴》；《新中国五十年统计资料汇编（1949—1999）》；1966—1970 年国家没有对基本建设竣工住宅面积进行统计，只有 5 年的合计数据 5400 万平方米，本书以平均值的方法将其分配至各年；另外，1982 年中国基本建设投资计划和统计范围有所变化，为与历年数据可比，统计局对 1981 年前的数据进行了调整，因此本书以 1983 年年鉴数据为准。

根据表 2-2 中数据，选取基本建设竣工住宅面积增长率和基本建设竣工住宅面积、住宅投资占基本建设投资的比例分别作为基本指标和辅助指标绘制波动图，如图 2-1 至图 2-3 所示。

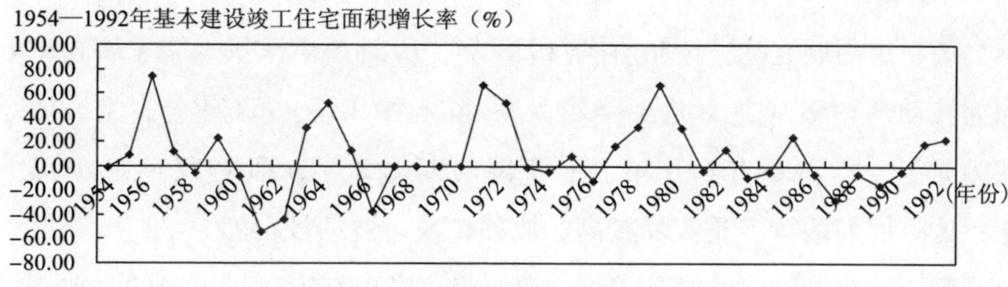

图 2－1 基本指标周期波动情况

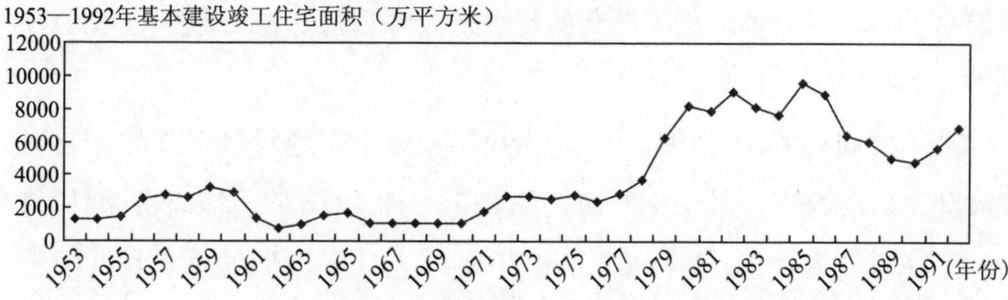

图 2－2 辅助指标 1 波动情况

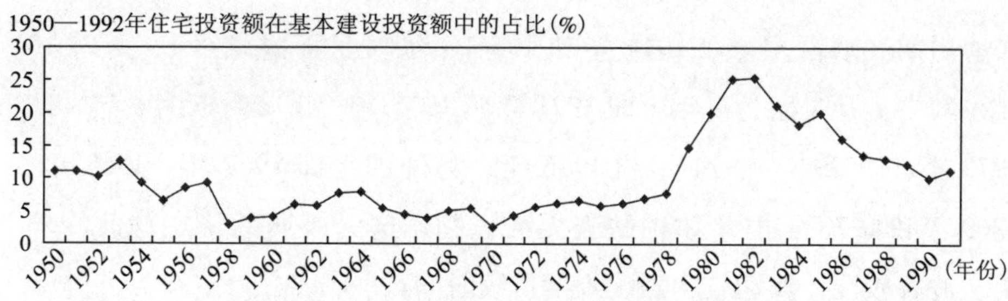

图 2－3 辅助指标 2 波动情况

根据图 2－1 至图 2－3，结合当时的宏观经济环境，对 1953—1992 年中国房地产经济周期作如下划分：

第 1 次周期波动（除本次波动以“辅助指标 2”作为指标外，以下均以“基本指标”作为考察指标），1950 年至 1953 年，历时 4 年，除起始年份 1950 年外，上升时期为 1 年，即 1953 年；下降时期为 2 年，即1951年和1952年。

第2次周期波动，1954年至1958年，历时5年，基本属于增长率周期波动（1958年绝对量下降较少），除起始年份1954年外，上升时期为2年，即1955年、1956年；下降时期为2年，即1957年和1958年；这一周期的特点是波峰较高，波谷较浅，波动较剧烈。

第3次周期波动，1959年至1961年，属于有绝对量下降的古典周期波动，历时3年，其中上升时期1年，即1959年；下降时期2年，即1960年和1961年；这一周期的特点是波峰很低，波谷较深，波动较剧烈。

第4次周期波动，1962年至1966年，属于有绝对量下降的古典周期波动，历时5年，其中上升时期为3年，即1962年、1963年和1964年；下降时期为2年，即1965年和1966年；这一周期的特点是波峰较高，波谷较深，波动较剧烈。

第5次周期波动，1967年至1976年（恰好为“文革”10年），增长率周期波动占主导（1974年和1976年绝对量下降较少），历时10年，其中上升时期为2年，即1971年和1975年；下降时期为4年，即1972年、1973年、1974年和1976年；另外四年即1967年、1968年、1969年和1970年由于数据缺失无法识别；这一周期的特点是波峰较高，波谷较浅，波动较剧烈，周期持续时间长。

第6次周期波动，1977年至1981年，属于增长率周期波动，历时5年，其中上升时期为3年，即1977年、1978年和1979年；下降时期为2年，即1980年和1981年；这一周期的特点是波峰较高，波谷较浅，波动较剧烈。

第7次周期波动，1982年至1983年，属于有绝对量下降的古典周期，历时2年，其中上升时期为1年，即1982年；下降时期为1年，即1983年；这一周期的特点是波峰和波谷均较浅，波动较缓和。

第 8 次周期波动，1984 年至 1987 年，属于有绝对量下降的古典周期，历时 4 年，其中上升时期为 2 年，即 1984 年和 1985 年；下降时期为 2 年，即 1986 年和 1987 年；这一周期的特点是波峰较高，波谷较浅，波动较剧烈。

第 9 次周期波动，1988 年至 1992 年，这是一次还没有完成的不完整的周期，除 1989 年为下降时期外（与"1989 年政治风波"的时间相符），其他年份均为上升时期。

总体来看，1950—1992 年中国房地产周期存在以下特点：一是几乎每个周期都存在绝对量下降的时期，波动较为剧烈；二是周期长度大约在 3 ~ 5 年；三是对比图 2 - 4 中国宏观经济周期的波动情况可以发现，中国房地产业与国民经济相关度较高，但也存在明显的自身特点，波长、波幅有自身的规律，且波动程度较宏观经济波动剧烈；宏观经济自 1978 年后已不再出现增长率为负的经济周期，而房地产业则仍然存在多个绝对量下降的时期，古典周期波动在 1992 年前的房地产周期中占相对主导地位；改革开放前中国房地产业处于极其低谷的阶段，基本建设住宅竣工面积维持在 1000 万 ~ 3000 万平方米，改革开放以后，受国家政策的影响，房地产行业的规模突然放大，并维持在较高的水平。

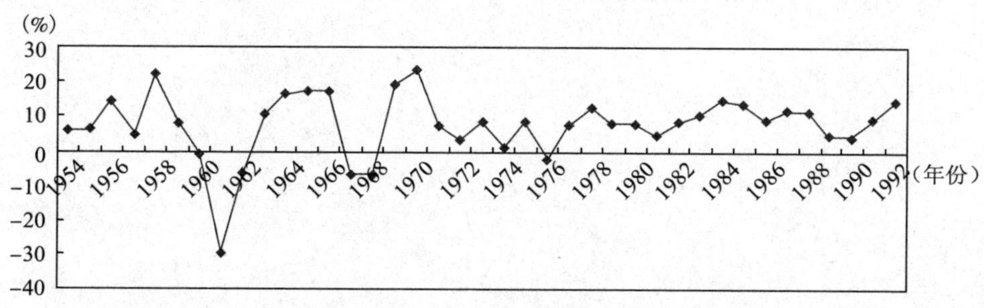

图 2 - 4　1954—1992 年 GNP（GDP）可比增长率的周期性变化①

注：1953—1978 年为国民收入可比增长率，1978—1996 年为国内生产总值可比价增长率。

① 张立群．我国的经济周期问题研究［J］．管理世界，1997（6）：34 - 40.

第三节 1993—2008 年中国房地产经济周期划分

根据中经网及 1993—2008 年《中国统计年鉴》整理得到的数据，对 1992 年至 2008 年房地产销售价格及销售面积变化直观趋势分别如图 2-5和图 2-6 所示。

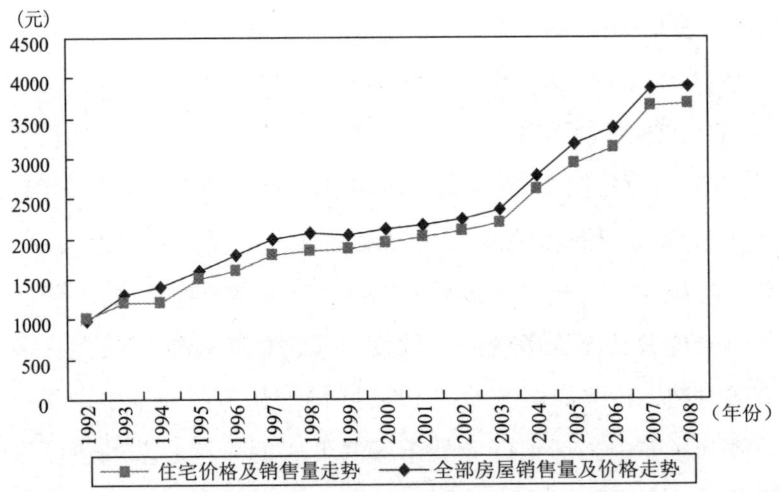

图 2-5 1992—2008 年全国房屋及住宅平均销售价格

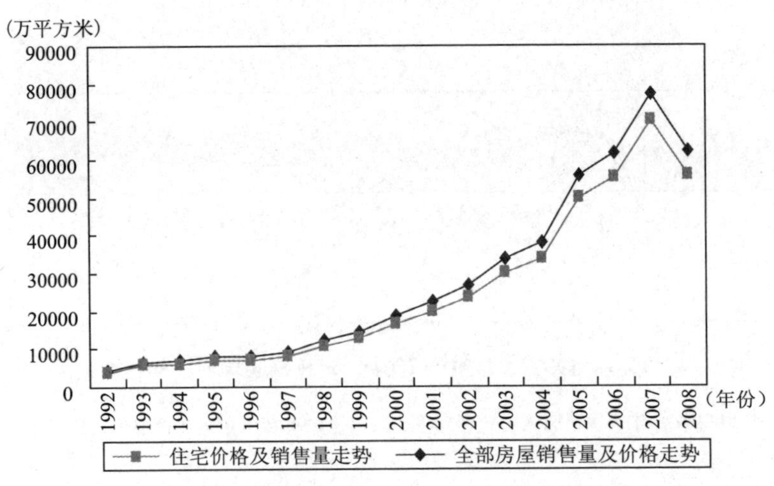

图 2-6 1992—2008 年全国房屋及住宅销售面积

由图 2－5 和图 2－6 可以看出，1993—2008 年，中国房地产市场无论是房屋整体还是住宅部分，其价格和成交量都呈单边上涨态势，已明显不具备古典周期波动的特征。同时，随着房地产市场化程度的提高及中国各项统计数据的完善，我们已有条件对这个时期的周期波动进行多指标的测度。下面本书用国际上比较流行的合成指数法（合成指数法比国内大多数学者采用的扩散指数法更加严谨、科学），对这个区间中国的房地产经济周期进行多指标测度。

一、指标选择的方法

从目前的研究成果看，多指标的选择有两种做法，一是仅包含房地产直接相关的指标；二是将与房地产间接相关的指标也包含在内，如房地产贷款、人均收入水平等。我们认为，后一种思路犯有逻辑上的错误，因为房地产周期仅仅是对房地产这个行业特征的描述，房地产贷款、人均收入水平等只能是解释房地产周期的因素，如果将这些因素也纳入合成指标的范围，那么合成结果将不再是单纯的房地产周期波动，如果不加限制地扩展下去，最后的结果只能是宏观经济周期波动了；另外，这种思路也容易导致“因”“果”不分的死循环，比如金融与房地产的因果关系至今仍是个很难有绝对结论的课题。因此，本书只将与房地产直接相关的指标纳入到合成范围之内。1993—2008 年所有统计指标如表 2－3 所示（为考察增长率周期，实际使用指标为以下这些指标的环比增长率）：

表 2－3　1993—2008 年房地产业统计指标数据

年份	房地产业增加值指数（按可比价格，上年＝100）	房屋销售面积（万平方米）	其中住宅销售面积（万平方米）	房地产开发建设本年完成投资（亿元）	房屋平均销售价格（元）	住宅平均销售价格（元）	全社会固定资产投资竣工房屋建筑面积（万平方米）	全社会固定资产投资竣工住宅建筑面积（万平方米）
1992	134.7	4289	3812	731	995	996	114800	85017

续表

年份	房地产业增加值指数（按可比价格，上年=100）	房屋销售面积（万平方米）	其中住宅销售面积（万平方米）	房地产开发建设本年完成投资（亿元）	房屋平均销售价格（元）	住宅平均销售价格（元）	全社会固定资产投资竣工房屋建筑面积（万平方米）	全社会固定资产投资竣工住宅建筑面积（万平方米）
1993	110.8	6688	6035	1938	1291	1208	122021	76779
1994	112.0	7230	6118	2554	1409	1194	136550	97510
1995	112.4	7906	6787	3149	1591	1509	145600	107433
1996	104.0	7900	6898	3216	1806	1605	161966	121913
1997	104.1	9010	7864	3178	1997	1790	166057	121101
1998	107.7	12185	10827	3614	2063	1854	170905	127572
1999	105.9	14557	12998	4103	2053	1857	187357	139306
2000	107.1	18637	16570	4984	2112	1948	181974	134529
2001	111.0	22412	19939	6344	2170	2017	182437	130420
2002	109.9	26808	23702	7791	2250	2092	196738	134002
2003	109.8	33718	29779	10154	2359	2197	202644	130161
2004	105.9	38232	33820	13158	2778	2608	207019	124881
2005	108.7	55486	49588	15909	3168	2937	227589	132836
2006	111.1	61857	55423	19423	3367	3119	212542	131408
2007	113.6	77355	70136	25289	3864	3645	238425	146283
2008	108.0	62089	55886	30580	3877	3654	237956	148789

数据来源：中经网数据库及各年统计年鉴；由于2008年房地产业增加值指数尚未公布，表中数据是我们参考其他相关数据得到的预测值。

二、合成指数与周期确认

（一）基础序列确定

参考一般学者对宏观经济周期的研究方法，我们选择最具代表性的产值指标作为基础指标，即房地产业增加值（表2－3罗列数据为房地产增加值指数）。

（二）时差相关分析

首先对表2－3中各周期性指标计算环比增长率，然后用时差相关分析法确定各指标时间序列与基础指标时间序列的领先滞后关系。时差分析方法我们借鉴国际通用的方法，并参考吕光明（2008）① 的介绍，其基本思想是一个周期性指标序列必然与基准周期波动指标存在相关关系，这种相关关系可用时差相关系数表示，而且相关系数必定在某个时点达到最大，如对于领先指标，时差相关系数最大的时点表现出一定的先行时差关系。设 $x_t = \{x_1, x_2, \cdots, x_n\}$ 为基准周期波动指标序列，$y_t = \{y_1, y_2, \cdots, y_n\}$ 为待定周期性指标序列，r 为时差相关系数，l 为领先滞后的基数，则有：

$$x_l = \frac{\sum (y_{t+l} - \bar{y})(x_t - \bar{x})}{\sqrt{\sum (y_{t+l} - \bar{y})^2 \sum (x_t - \bar{x})^2}}, l = 0, \pm 1, \pm 2, \cdots, \pm L \tag{2-1}$$

本书设定同步指标的领先、滞后周期为1期，并设 $Y_0 \sim Y_6$ 分别代表房地产产业增加值环比增长率、房屋销售面积环比增长率、住宅销售面积环比增长率、房地产开发建设本年完成投资环比增长率、房屋平均销售价格环比增长率、住宅平均销售价格环比增长率和全社会固定资产投资竣工房屋建筑面积环比增长率，则可得到以下结论：

表2－4　各指标与基础指标时间序列的领先滞后关系

周期指标	Y_1	Y_2	Y_3	Y_4	Y_5	Y_6
时差	滞后1期	难以判断	领先1期	滞后2期	滞后2期	提前3期
领先滞后关系	同步	剔除	同步	滞后	滞后	提前

（三）指标合成与周期分析

最后，对选定的同步指标（Y_1，Y_3）与 Y_0 进行合成，得到合成指

① 合成指数编制方法亦同。

数，用其描述中国的房地产周期波动。按照目前较为成熟的美国商务部的计算方法，合成指标数的编制方法大致经历了以下五个步骤：第一步，求指标的对称变化率并将其标准化；第二步，求各指标的标准化平均变化率；第三步，求初始合成指数；第四步，趋势调整；第五步，计算合成指数。另根据王东、陈诗骏等（2007）的研究，结合专家打分法的基本原理及笔者的经验判断，确定产值类指标 Y_0 权重为 40%，交易类指标 Y_1 权重为 30%，投资类指标 Y_3 权重为 30%，最终得到 1993—2008 年中国房地产经济周期合成指数波动图，如图 2－7 所示。

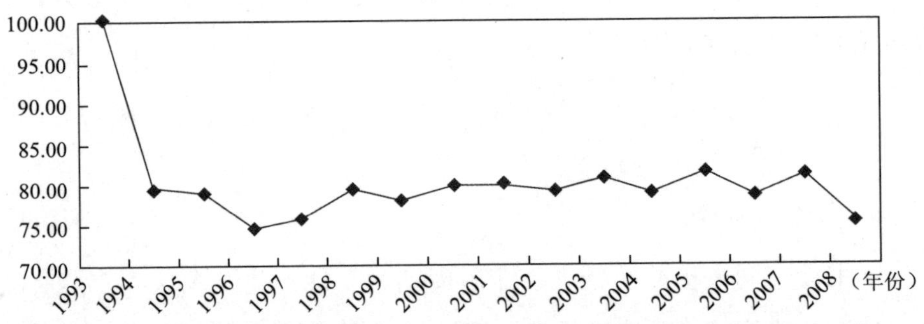

图 2－7　1993—2008 年房地产周期合成指数波动

考虑到 1993 年作为两个时段的过渡年份，其指标计算值前后不可比，为了更加清楚地反映 1993 年后的周期波动情况，将 1993 年数据略去后作出 1994 年至 2008 年的周期性波动图，如图 2－8 所示。

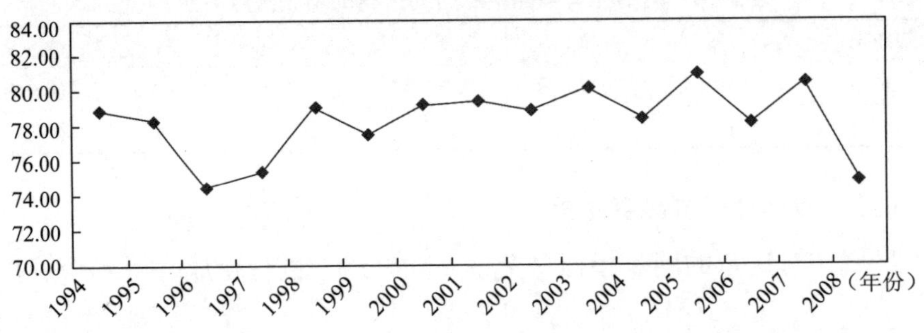

图 2－8　1994—2008 年房地产周期合成指数波动

根据图2－7及图2－8，对1993年至2008年中国房地产周期作如下划分：

第1次周期波动，1993年至1998年，历时6年，除起始时期1993年外，下降时期为3年，即1994年、1995年、1996年；上升时期为2年，即1997年和1998年（其中1998年为中国按揭贷款转折点，由图2－7及图2－8可见，该年周期上升幅度较大）。这一周期的特点是波峰较高，波谷相对较浅，波动较剧烈。

第2次周期波动，1999年至2003年，历时5年，其中下降时期为2年，即1999年和2002年；上升时期为3年，即2000年、2001年、2003年。这一周期的特点是波峰波谷均较低，波动较为缓和。

第3次周期波动，2004年至2005年，历时2年，其中下降时期1年，即2004年；上升时期1年即2005年。这一周期的特点是波幅较大，波动较第2次波动剧烈，时间大大缩短。

第4次周期波动，2006年至2007年，历时2年，其中下降时期1年，即2006年；上升时期1年即2007年。这一周期的特点与第3次周期波动相似。

总体来看，1993年以来中国房地产经济波动呈现出的主要特征是：波动更加频繁，周期长度由5～6年缩短为2年的超短周期，且波幅有扩大趋势；增长率周期占绝对主导，无古典周期波动。至笔者截稿的2009年8月，中国房地产业经过2008年的低迷后再度繁荣，也就意味着中国房地产业可能又将完成一个从2008年至2009年的2年短周期波动过程。

第四节　1993—2008年住宅销售价格周期分析

对于整个房地产业，价格显然已成为最受关注的变量。除本书提到的两种经济周期波动外，还有第三种经济周期波动分类，即增长周期波动（也称现代经济周期波动），该类周期波动是指总体经济活动的相对水平有规律地出现上升与下降的交替和循环；增长周期波动包括增长率高于增长趋势和增长率低于增长趋势的时期。因此，首先需要分离经济增长趋势，然后利用原序列对趋势的离差来表示经济周期波动。本书用HP滤波法对住宅销售价格序列进行分解，并对价格的周期进行划分，价格数据来源于表2－3。

一、住宅销售价格序列时序特征

对住宅销售价格序列做单位根检验如下，检验方法为ADF检验法，检验模型中包含趋势和截距项，用SIC标准自动选择最优的滞后阶数。

表2－5　住宅销售价格序列ADF检验结果

			t－Statistic	Prob.*
Augmented Dickey－Fuller test statistic			－2.640938	0.2713
Test critical values：	1% level		－4.886426	
	5% level		－3.828975	
	10% level		－3.362984	
Variable	Coefficient	Std. Error	t－Statistic	Prob.
PRICE（－1）	－1.023439	0.387528	－2.640938	0.0334
D［PRICE（－1）］	0.691084	0.451599	1.530304	0.1698
D［PRICE（－2）］	0.987197	0.417151	2.36652	0.0499
D［PRICE（－3）］	0.962989	0.439339	2.191902	0.0645
C	634.7434	271.3753	2.338987	0.0519
1992	140.813	47.60326	2.958054	0.0212

检验结果表明，ADF检验统计量大于10%的临界值，故接受有单位根的原假设，认为价格序列不平稳，每个冲击都会决定一个新的增长路径，而且冲击对序列的影响无限制地持续下去，波动主要由增长路径波动引起，平衡的奇异成分才是周期成分。此外，检验模型中的趋势项和截距项显著，说明模型形式恰当。

二、HP 滤波结果及周期分析

在验证了住宅销售价格序列的时序特征以后，运用 EViews5.0 软件作 HP 滤波，如图 2－9 所示。

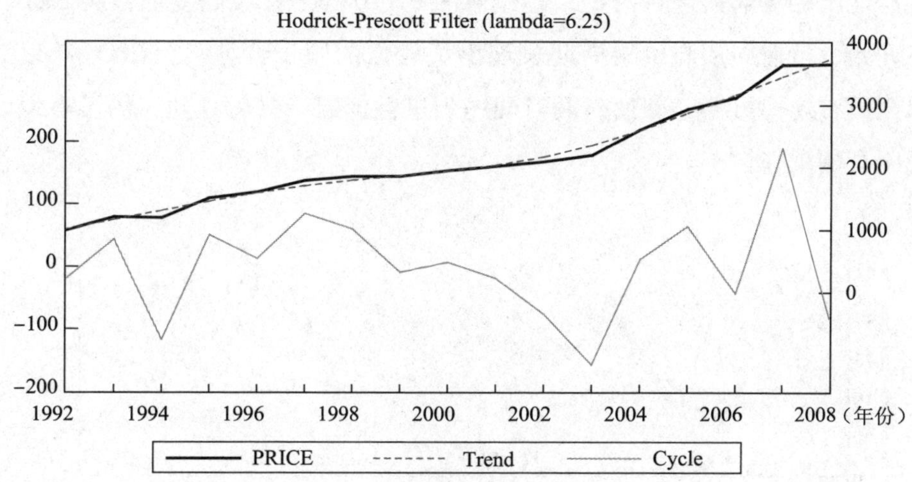

图 2－9　1993—2008 年住宅销售价格 HP 滤波

注：图中呈明显周期性波动的曲线即为价格周期波动曲线（Cycle）。

由图 2－9 可以看出，1993 年以来，虽然住宅销售价格的波动较为剧烈，但远没有房地产业的整体波动有规律性，不考虑 1993 年起始年份，大体可以分为以下 4 个半周期：

第 1 次周期波动，1993 年至 1995 年，历时 3 年，除起始时期 1993 年外，下降时期为 1 年，即 1994 年；上升时期为 1 年，即 1995 年。

第 2 次周期波动，1996 年至 1997 年，历时 2 年，下降时期为 1 年，即 1996 年；上升时期为 1 年，即 1997 年。

第 3 次周期波动，1998 年至 2005 年，历时 8 年，下降时期为 6 年，即 1998 年至 2003 年；上升时期为 2 年，即 2004 年和 2005 年。

第 4 次周期波动，2006 年至 2007 年，历时 2 年，下降时期为 1 年，即2006年；上升时期为1年，即2007年。

至笔者截稿的2010年3月，中国房地产业经过2008年的低迷后再度繁荣，价格重拾上涨态势，也就意味着中国房地产业又完成了一个从2008年至2009年的2年短周期波动过程。如果将此处的价格周期与整个房地产经济周期进行对比，经过对图2-10的观察我们发现，从2006年开始，行业周期与价格周期表现出了较强的同步特征，但2006年以前则没有规律可循，即使对两时间序列进行提前、滞后处理，仍没有发现明显的规律性。

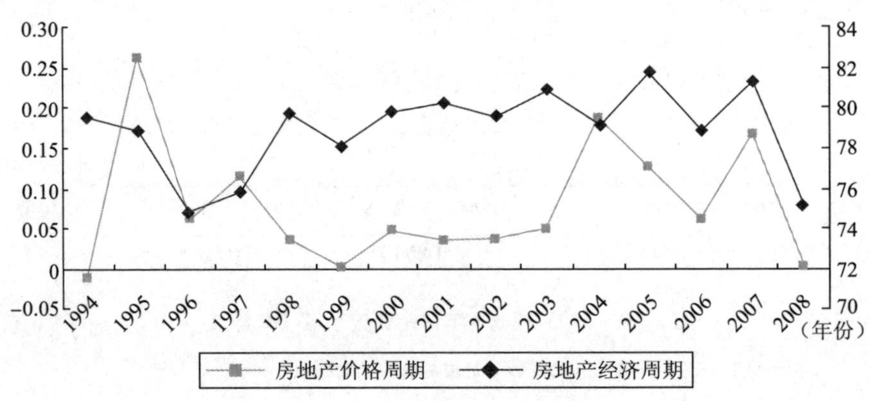

图2-10　1994—2008年住宅价格周期与房地产周期对比

另外，价格在很大程度上与中国的城市化进程、投资、投机等一系列其他因素相关，房地产均衡价格的研究是个单独而复杂的课题，本书只识别住宅价格的周期，不再对价格趋势做更多预测。

第五节　房地产泡沫危机及中国的房地产价格调整压力

本书的研究逻辑是房地产行业的波动性是比较明显的，从而对商业银行的整体信用风险水平产生重大影响；同时，房地产行业的波动性是周期性的，或者说是有规律可循的，研究房地产行业波动的周期性规律能在一定程度上防范商业银行的信用风险。通过笔者对中国 59 年来的房地产经济周期进行仔细研究后发现，中国的房地产经济的确存在波动性，这种波动性也有确有规律可循，但是由于中国没有经历过明显的经济衰退，真正的房地产市场起步时间较短，除了类似 20 世纪 90 年代海南房地产泡沫那种局部性的房地产市场崩盘之外，中国房地产行业尚未出现过大面积、整体衰退的时期。特别是进入 20 世纪 90 年代以后，古典周期已不占主导地位，周期性波动以增长周期和增长率周期为主，基本处于单边繁荣的阶段。如果从纯理论角度讲，增长率周期中同样可能存在较大的房地产金融信用风险，比如构成房地产成本的主要部分如地价和原材料价格涨幅远超过房地产价格涨幅时，虽然房价仍然在上涨，开发企业也可能因为亏损而出现违约，但这种比较特殊的情况仍然与我们研究房地产周期波动导致风险的初衷是背离的。那么，这是否意味着中国房地产行业将永远向上了呢？是否意味着中国商业银行可以不重视房地产经济周期了呢？答案当然是否定的，因为一个不成熟的房地产市场在外力刺激下的超常繁荣可能蕴藏着更大的危机。美国次贷危机已清楚地告诉我们，即使在市场经济和金融市场高度发达的美国，同样难以避免房地产经济周期给经济和金融带来的冲击。在同类研究房地产金融风险的文章中，大多大篇幅地罗列历史上著名的房地产经济、金融危机案例，本书的写作风格为以最重要的笔墨着力于最需要探索和分析的领域，不再对那些已被业内人士熟悉的案例作重复介绍，但为了本书的完整性，在此择其重要者作言简意赅的说明，同时作为引子对中国目前的房地产价格调整压力作一阐述。

一、日本房地产泡沫

20 世纪 80 年代后期，为刺激经济的发展，日本中央银行采取了非常宽松的金融政策，鼓励资金流入房地产以及股票市场，致使房地产价格暴涨。1985年9月，美国、联邦德国、日本、法国、英国五国财长签订了“广场协议”，同意美元贬值，随后大量国际资本进入日本的房地产业，刺激了房价进一步上涨，1986年到1989年日本的房价涨了约两倍。受房价骤涨的诱惑，许多日本人发现炒股票和炒房地产来钱更快，于是纷纷拿出积蓄进行投机。到1989年，日本的房地产价格已飙升到十分荒唐的程度，国土面积相当于美国加利福尼亚州的日本，其地价市值总额竟相当于整个美国地价总额的4倍。到1990年，仅东京都的地价就相当于美国全国的总地价，一般工薪阶层即使花费毕生储蓄也无力在大城市买下一套住宅，能买得起住宅的只有亿万富翁和极少数大公司的高管。1991年后，随着国际资本获利后撤离，由外来资本推动的日本房地产泡沫迅速破灭，房地产价格随即暴跌。到1993年，日本房地产业全面崩溃，企业纷纷倒闭，遗留下来的银行坏账高达6000亿美元。①

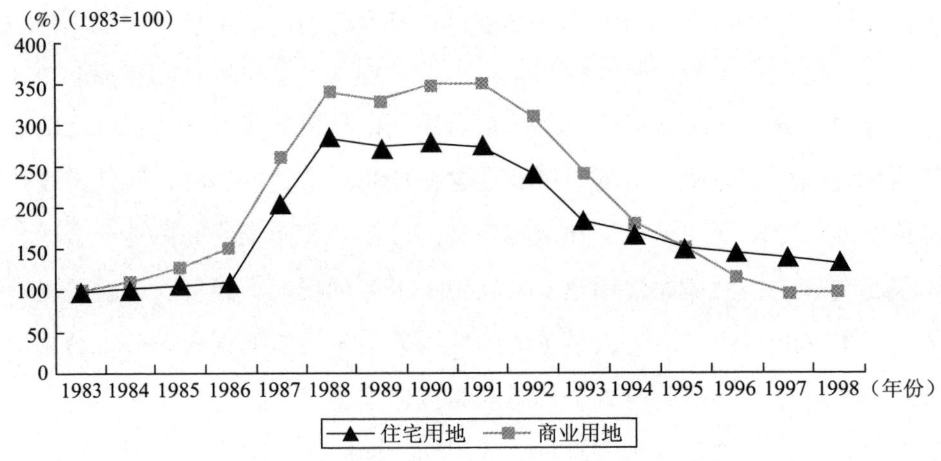

图2-11　1983—1998年东京土地价格走势②

① 根据 http：//www. zju - polyucenter. org 提供的相关资料整理。

② 宋忠敏．上海房地产泡沫的实证研究［D］. 复旦大学，2004.

二、中国香港地区房地产泡沫①

中国香港地区的房地产热最早可以追溯到20世纪70年代。当时，李嘉诚、包玉刚等商界巨子纷纷投资房地产领域，香港十大房地产公司先后公开上市，来自日本、东南亚和澳大利亚等地的资金也蜂拥而入，香港的房价和地价急剧上升。到1981年，香港已成为仅次于日本的全世界房价最高的地区，1984—1997年，香港房价年平均增长超过20%，1996年香港竟出现必须花150万港元买一个房号的怪事。就在香港的房地产泡沫达到顶峰时，东南亚金融危机降临了。1998年至2004年，香港楼价大幅下跌，平均下跌幅度超过60%，平均每位业主损失达267万港元，房地产开发贷款的违约率急剧上升。

鉴于本书结构的需要，美国次贷危机将在第六章重点讨论，不在此叙述。由此可见，要理性地看待中国目前的房地产行业单边繁荣，研究房地产经济周期对中国银行业的冲击，仍然要对房地产周期的波幅和波长有足够的估计，这些估计，亦将充分体现在本书以下章节对于各类房地产行业相关贷款的信用风险分析和压力测试当中。

三、中国房地产价格调整压力

国家统计局数据显示，2003—2008年的6年间，全国住宅销售均价由2197元/平方米上涨至4456元/平方米，北京市住宅销售均价由3576元/平方米上涨至11648元/平方米，分别上涨103%和226%。根据中国房地产信息网最新数据，以北京为例，2009年12月北京市普通商品房一类地段集中成交价34500元/平方米，同比上涨97%。这些直观的数据已经在频频提醒我们思考一个问题，中国存在房地产泡沫吗？中国的房地产泡沫严重吗？虽然中国历史上只有少数局部性泡沫出现

① 张寒燕. 房地产投资信托（REITs）研究［D］. 中国社会科学院，2005.

(众所周知，泡沫程度非常严重)，但关于房地产泡沫的研究却汗牛充栋，对于衡量房地产泡沫的各项指标如房价收入比、房价租金、空置率等均有很好的对比研究和计量分析，本书不再赘述。大多数研究结论、诸多重量级的经济学家及每个人对于房价的感受均告诉我们，中国在短期内迅速上涨的房地产价格已面临较大的调整压力。因此，即使无法从目前中国房地产业表现出的周期特征上发现其风险特征，我们也已清楚地看到了由于房价上涨带来的风险积聚问题。由于房地产金融对中国整个银行业影响巨大，且房价调整将直接带来房地产金融信用风险的增加，因此对价格调整压力下中国商业银行的信用风险防范问题的研究是非常有必要的，也是非常迫切的。

第六节　本章小结

本章在提出分区间讨论房地产经济周期的基础上，运用单指标法对1950年至1992年的房地产经济周期进行了划分、运用合成指数法对1993年至2008年的房地产经济周期进行了划分、运用HP滤波的方法对1993年至2008年的住宅价格增长周期波动进行了测度；在分析中国目前的房地产市场特点和房价走势的基础上，结合国外房地产金融危机的案例，分析说明房地产价格调整的可能趋势。总体来看，中国的房地产经济表现出了较强，且较有规律的周期性波动特征，周期长度以短周期为主，1992年前周期长度在3~5年，1993年后周期长度有逐渐缩短的趋势，且表现出了2年超短周期特征。限于官方统计数据的不足，不可能进行超长周期考察，假设1993年至2009年的16年仅仅是超长周期中的一个增长阶段（考虑到中国目前总体处于经济高速增长阶段），研究样本是严重受限的。虽然中国历史上房地产市场化程度较高的时期房地产行业的周期性特征以增长率周期为主，但世界各国的经验及中国近期的房地产走势告诉我们，中国已面临严重的房地产价格调整压力，防范房地产金融风险已刻不容缓。

第三章

房地产价格调整与开发贷款信用风险

房地产开发贷款为房地产相关信用风险中规模最大、信用风险程度最高的贷款之一。为科学估计基于价格调整压力下中国房地产开发贷款的整体信用风险状况，并克服各商业银行在压力测试方法、压力测试范围上无法统一，在压力测试结论上无法加总的矛盾，本章基于行业总量数据，利用基于现金流量的随机模拟方法，对中国银行业全部房地产开发贷款的整体信用风险进行压力测试，并揭示中国商业银行承担房地产下行周期冲击的能力。

房地产开发贷款因规模较大，信用风险相对较高①成为商业银行信用风险防范关注的重点领域。由表 3－1 可以发现，1999 年至 2008 年 10 年间，房地产开发贷款增长 550%，2008 年末开发贷款余额达到 19300 亿元，占金融机构各项贷款的比例为 7%，其增长速度远超过金融机构各项贷款和货币供应量增长速度。同时，随着房地产价格的快速上升，房地产行业出现拐点的风险逐渐加大，且一旦出现拐点带来的信用风险也逐渐加大。

---

① 从美国次贷危机的情况来看，个人按揭贷款的信用风险同样不可忽视，本书将在下一章重点讨论。

表 3-1　1999—2008 年房地产开发贷款

年份	开发贷余额（亿元）	开发贷占比（%）	开发贷增速（%）	货币供给增速（%）
1999	2970	3.17	10.82	17.67
2000	3280	3.30	10.44	12.62
2001	4200	3.74	28.05	15.40
2002	4499	3.22	7.12	19.86
2003	6658	3.92	47.99	19.63
2004	7800	4.14	17.32	15.50
2005	9141	4.42	17.03	17.99
2006	14100	5.92	27.00	15.67
2007	18000	6.48	25.70	18.45
2008	19300	7.02	7.22	—

房地产行业信用风险的加大引起了学者的高度关注，如王坤、王泽森（2007）对房地产信贷风险的成因及对策进行了探讨；张晓晶、孙涛（2006）分析了房地产周期的驱动因素，重点分析了房地产周期与中国金融稳定的关系等。但是这些研究基本以定性研究为主，定量分析仅限于大致的数据估计。同时，目前各商业银行的 VAR 测算模型其参数的设定以正常时期房地产开发贷款的违约率为基础，很难规避房地产行业繁荣时期的短视问题，没有对极端情况下（房价大幅下跌）面临的开发贷款信用风险进行测度，不能定量地反映房地产业周期性波动或者泡沫破裂对银行业甚至金融业的冲击。因此，对开发贷款的信用风险进行压力测试，估算中国商业银行的整体风险承受能力，对维护金融稳定以及制定房地产产业政策都具有相当重要的意义。

第一节　压力测试方法的选择和违约标准的确定

一、压力测试方法的选择

在 IMF 和 World Bank 联合开展的金融部门评估规划（FSAP，Financial Sector Assessment Programme）框架下，压力测试已成为评估商业银行应对各类冲击能力的重要手段。从各国实践来看，压力测试在市场风险管理中的应用较多，由于数据和模型的限制，信用风险的压力测试尚处于探索阶段，而中国对于信用风险的压力测试工作更是刚刚起步。关于信用风险压力测试的英文文献可分为两类，一类是关于压力测试基本原理和方法的研究，如新加坡货币监管局（2003）、Shaw（1997）、Kupiec（1999）、Kim（2000）等，Marco Sorge（2004）对这类文献进行了较好的总结。另一类则侧重于压力测试的实证分析，大多是基于时间序列数据和面板数据（Panel Data）的简化压力测试模型分析，如Petr Kadeřábek 等（2008）对个人贷款的违约概率进行了压力情景下的分析；Dietske Simons 和 Ferdinand Rolwes（2008）对荷兰银行业的公司借款进行了宏观压力测试。另有一些学者的研究相对深入，为解决线性假设和前人在数据处理上的不足提出了一些新的思路，如 Michael C. S. Wong 和 Yat－fai Lam（2008）利用 KMV 模型的思想，提出了一个基于历史违约数据的压力测试模型，以期解决监管机构压力测试结果的定制问题；Mathias Drehmann（2005）利用改进的 Merton 模型，对英国银行业的公司贷款进行了宏观压力测试等。国内学者也对信用风险压力测试做了一些很有意义的研究和探索，如刘晓星（2009）和周子元（2009）对国外压力测试的研究与实践进行了较好的综述；陈阳、陈双杰（2009）选择房价与利率作为冲击变量，对中国房地产开发企业违约概率进行了压力测试研究，认为当房价下跌幅度超过15%时，房地产开发企业的违约概率开始急剧上升；孙彬、杨朝军和于静（2009）对 Copula 函数在压力测试中的应用进行了研究，为组合投资风险管理提供了一个新的思路；华晓龙（2009）利用 Logit 模型，对 GDP 大幅下降和 CPI 骤升情景下中国银行体系贷款违约率进行了压力测试等。综合以上研究成果笔者发现以下几个特点，一是压力测试的方法无定式，既无模型上的定式（统计方法和计量方式），也无测试主体的定式（主体可以是一个经济体、一个国家、一个行业或者一个企业）；二是以定性分析和综述为主（尤其是国内的研究成果），定量分析中运用的数学模型相对简单（Logit 模型居多），且很难规避假设条件过多导致的模型风险；三是情景设定的研究与压力测试的实证没有很好地结合起来，缺少有说服力的实证研究结论；四是以宏观经济数据对整个银行业进行宏观压力测试的研究居多，分部门分区域的压力测试较少。

笔者认为，由于国民经济发展的不平衡性，仅仅从整个宏观经济角度进行压力测试研究显然不能满足宏观监管和政策制定的要求，比如经济总体向好的时期，钢铁行业可能存在严重的产能过剩、房地产行业可能即将出现拐点，但黄金产业的发展前景可能被看好。因此，对某一行业，特别是对重要行业进行分部类的压力测试研究显得相当重要。从关于房地产相关信用风险的压力测试研究来看，主要存在三个不足，一是通常只考虑波幅（如房地产价格下跌比例），而没有考虑波长（即价格在一定水平的持续时间）；二是对风险产生的宏观因素和行为金融因素分析较多，对房地产开发企业的资金流程、资产结构及财务特点分析较少，研究思路和方法没有体现出房地产业自身的特点；三是对房地产价格和成交量的关注较多，考虑房地产相关成本（主要是建安成本和地价）进行压力测试的分析尚未发现。

二、违约标准的确定

对于违约标准的确定，不同学派有不同的标准，在经典的信用风险度量模型中，结构式模型（如 Merton 模型）一般假定当公司资产价值低于其债务价值时发生违约，而中国商业银行的一般实践中将借款人欠息时间、逾期时间或者财务、经营情况的突发性恶化作为违约标准。由于本书的研究对象为一个行业，非具体企业，很难对行业的整体市值或者欠息时间等标准进行分析，以上标准不适合进行行业信用风险研究。同时，由于压力测试方法的不一致及各银行的资产组合和风险偏好不同，各银行间的压力测试结果没有可比性，监管机构也难以设定一个统一的方法和情景要求各银行进行“标准”压力测试，然后将结果相加，从而解决特定行业的压力测试问题。为解决以上问题，本书拟采取从上到下的方法，基于行业总量数据，将整个行业作为压力测试的主体，通过模拟行业现金流量状况（Monte Carlo 模拟法）判断行业整体偿债能力，将行业现金余额低于年度管理费用 + 半年银行利息作为违约标准。也就是说，本书将房地产行业视为一个整体，通过随机模拟的方法，确定房地产行业未来现金流量的变化情况，以房地产行业的净现金余额低于一定的水平作为判断违约的标准。另外，目前西方发达国家对商业银行违约损失率的研究亦尚处在初级阶段，巴塞尔新资本协议依不同贷款类型，对违约按一定比例进行估计，因此依中国目前的数据储备，科学估计违约损失率是困难的，因此本章将违约概率作为压力测试的目标变量。

第二节　行业总量数据的估算

既然将一个行业作为测试主体，我们需要得到整个行业的主要财务数据，即总体财务报表。从财务角度讲，合并数据是最好的选择，但行业的合并报表尚无机构编制；考虑到房地产开发企业间的交易并不多，可用合计财务数据代替合并数据；由于目前能得到的合计数据并不全面，需要根据公开信息进行推算。

Wind 资讯提供的 2008 年房地产开发企业全行业总量财务数据如表 3 -2所示。

表 3－2　2008 年全国房地产开发企业全行业总量财务数据

单位：万元

指标	财务数据
资产总计	1448335466
负债总计	1047823089
所有者权益	400512377
本年折旧	3401887
营业利润	34322297
经营总收入	266968448
土地转让收入	4668480
商品房屋销售收入	243941196
房屋出租收入	5214733
其他收入	13144011
经营税金及附加	18291968
累计折旧	14141374

Wind 资讯提供的 2008 年房地产开发企业全行业财务指标如表 3－3 所示。

表 3－3　2008 年房地产行业企业绩效评价标准值平均值指标（%，次，倍）

净资产收益率	6.9	总资产周转率	0.3	资产负债率	76.7
总资产报酬率	3.5	应收账款周转率	8.4	已获利息倍数	3.1
销售（营业）利润率	19.5	流动资产周转率	0.5	速动比率	69.1
盈余现金保障倍数	－1.6	资产现金回收率	－0.4	现金流动负债比率	－0.6
成本费用利润率	9.5	带息负债比率	64.9	销售(营业)增长率	8.1
资本收益率	5	或有负债比率	6.5	存货周转率	—
资本保值增值率	104.7	资本积累率	7.3	销售（营业）利润增长率	5.9
三年资本平均增长	6.9	总资产增长率	9.5	三年销售平均增长率	4.3

显然，我们可以根据表 3－2 和表 3－3 提供的信息，对房地产开发

全行业的数据进行倒推估算。一般来说，房地产开发企业收入主要分为商品房销售收入、土地转让收入、房屋出租收入和其他收入，其中土地转让收入、房屋出租收入和其他收入占比较小（10%以内，按表3-2数据计算），且土地转让收入大多属于房地产开发商之间的交易，从整个行业角度可以不予考虑，因此简易财务报表的销售收入可以仅考虑商品房销售收入部分。

同时，由于房地产开发企业综合化经营的情况较多，并且房地产开发企业的投资人亦常常分布于不同的行业，表3-2中行业总资产的统计无法避免包括非房地产业务资产，因此完全以表3-2和表3-3的数据进行推算会出现财务数据间的不匹配。

但是由于"商品房屋销售收入"一项概念明确（只有房地产商品的销售才能记入该统计科目），且房地产开发贷款以项目抵押贷款为主，开发贷款大多在房地产开发项目内使用或者项目间循环，"商品房屋销售收入"是相应贷款的主要还款来源，因此我们应以"商品房屋销售收入"和"房地产开发贷款"两项相对"单纯"的指标作为其他财务数据和指标的预测基础。同时，由于房地产销售收入为压力测试的主要间接施压变量，因此以房地产销售收入倒推行业总量数据逻辑上也是合理的。

另外，数据估算中笔者发现，完全以Wind系统提供的相关数据尚不能全部得到压力测试所需全部基础数据，因此本书参考国内某大型商业银行"2008年企业评价标准值房地产业全行业平均值数据"中的预收账款与销售收入的关系指标，预收账款/（预收账款+销售收入）=40%，作为表3-2和表3-3指标的补充，并得到"预收账款=2/3销售收入"的估计数量关系。经估算，本书得到2008年中国房地产行业主要行业财务数据如下：

表 3－4　中国房地产行业 2008 年度主要行业财务数据推算表

单位：亿元

资产总额	88000	负债总额	68000
流动资产	50000	付息负债（非常规财务指标）	44000
其中：货币资金	2500	其中：开发贷款	19300
应收账款	500	其他付息债务	24700
预付账款	2000	非付息债务	24000
存货	45000	其中：预收账款	17000
非流动资产	38000	所有者权益	20000

注：销售收入按 25000 亿元计算；开发贷款数据来源于中国人民银行公告数据。

第三节　随机变量的选择及其相互关系的确定

一、随机变量的选择

作为一种特殊的商品，由于开发和建设周期较长（住宅项目的开发建设周期相对较短，一般也需要 18 个月以上），房地产企业面临较多的经营和财务风险。同时，由于中国特殊的土地制度、预售制度的存在，加之违规操作盛行（包括开发商、商业银行和其他资金提供者多个方面），房地产开发企业的资金运作过程异常复杂。

由于现金是偿债的直接来源，资金流程的梳理是分析房地产开发企业信用风险的关键。但房地产行业存在企业差异化大、产品异质性强的特点，为便于分析整个行业的信用风险水平，本书对房地产开发企业的资金流及时间节点作一般性假设如表 3－5 所示：

表3－5　房地产开发企业的资金流及时间节点①

资金来源项目		资金支出项目	
来源种类	时间节点	支出种类	时间节点
项目自有资金	T	土地款	T
开发贷款	T+6	建筑承包费	T~24（按进度支付）
首付（含定金等）	T+12	财务费用	（T+6）~还款
按揭贷款	T+14	人工及其他费用	T~

注：假设房地产开发商首次交纳土地款时间为T，时间以月为单位递增。

从表3－5可以看出，房地产开发商存在以下经营和财务风险：

（1）土地成本风险

由于土地款付出至个人住房贷款到位需要大约14个月（如果开发商只购地不开发，时间会更长），而土地价格主要取决于土地购买时点的房地产市场状况，一旦房地产价格下跌到一定水平，开发商会面临高价拿地的风险。另外，虽然开发得到按揭贷款的时间为T+14，但购买者交纳首付时已确定了最终购买价格（首付和定金可视为同一时间交付），因此，如果不考虑退房因素（房地产市值下跌程度>定金），可以按12个月内土地价格变动的风险衡量土地成本风险。

（2）建筑承包费风险

根据目前中国房地产开发的现状，建筑承包费签订一份总合同，几乎包括所有的建筑安装成本。也就是说，开发商在与建筑商签订合同时会预估建材、安装（包括人工）和装修的成本，一次性签订一份总承包合同。由于建安成本与房地产市场的繁荣程度是正相关的，GDP和固定资产投资增长较快的时候常常是建安成本较高的时候，而且按照正常流程，开发商拿地后建筑施工开始，如果12个月后房地产市场陷入低迷，开发商将面临建筑费过高的风险。

① 表3－5作如下假设：上述时间节点假定为住宅、商用和写字楼的平均水平；开发商一次付清土地款；不考虑建筑公司垫款。

由于土地成本和建安成本为房地产开发的主要成本，并且土地成本和建安成本存在明显的波动性，因此对房地产开发企业进行压力测试，就必须考虑将以上两项成本设定为冲击变量。但是，由于中国地价指数发布的时间较短，建安成本中包括的项目极其复杂，单独测度以上两项风险是困难的，也是没有必要的。本书选择了一种既简单又有效的方法进行处理，即存货变动法。根据前面的分析，存货为房地产开发企业的主要资产，且土地成本和建筑承包费是全额计入存货的，因此我们可以通过观察存货的变化来测度总体风险。

（3）销售收入下降风险

历史经验表明，销售收入急剧下降是房地产行业萧条甚至崩盘的主要原因，而销售收入为销售价格和销售数量的乘积，因此销售收入和价格均是本书需要重点考察的最为重要的随机变量。

（4）利率变动风险

房地产开发企业同时具备资金密集和付息负债占比较高的特点，利率变动会明显影响其生产成本。一般来讲，利率的变动主要是由 CPI 和 GDP 增长速度决定，但考虑到中国房地产业对 GDP 的贡献度较高，压力环境下如果房地产行业出现低迷，政府一般会采取低息政策而不会加息，在始于 2006 年的金融危机中，美国在房地产市场面临危机的时候同样采取了迅速降低基准利率的举措，因此将加息设定为压力情景因素之一是缺乏逻辑基础的。综上，保守起见，本书将压力环境下的利率设定为固定不变的。

因此，本书将选择房地产销售价格（P）作为施压变量，将房地产销售面积（S）和存货变动作为中间冲击变量，通过销售价格的变化对房地产行业的可偿债现金进行预测，从而对房地产行业压力情景下的违约概率进行研究。

二、随机变量间相互关系的确定

根据以上的分析及宏观经济学的基本原理，施压变量与3个中间冲击变量间的关系不是任意的，本书用相关系数法确定变量间的内在联系，并假设两个变量均服从正态分布，存货支出数据按不同层级进行设定。数据选择如下：

price：全国房地产价格销售指数

sale：全国房地产销售面积

其中，价格变动率和存货支出比例是压力测试过程中设定的，只有销售面积变动率是随机的，其他变量独立或随机按照确定的关系而变化。关于销售面积变动率，由于"销售面积变动率 = 下一期销售面积/本期销售面积 - 1"，假设销售面积变动率的随机性来自下一期销售面积的随机性，然后利用 Monte Carlo 模拟生成销售面积进而计算违约率。

具体而言，由于销售面积与销售价格之间有一定关系，不妨假设二者服从联合正态分布。记全国房地产价格销售指数为 price，记全国房地产销售面积为 sale，根据历史统计数据，可以得到 price 和 sale 的均值、方差和相关系数，详见表3-6和表3-7。

表3-6　变量间相关关系

	price	sale
price	1	0.7762
sale	0.7762	1

表3-7 变量统计特征

	均值	标准差
price	104.55	3.1411
sale	38485	22314

但是，鉴于国内房地产改革发展状况和市场发育程度，以及统计数

据的可信度等原因，中国房地产价格波动不大。因此本书采用美国1987—2009年9月房地产价格和销售数据①重新计算价格和销售间的关系及价格的方差，计算得到price标准差为40.17，相关系数为0.5665。

现在需要计算在已知price情况下sale的条件概率。根据多元统计学的知识，如果：

$$\begin{pmatrix} price \\ sale \end{pmatrix} \propto N\left(\begin{pmatrix} u_p \\ u_s \end{pmatrix}, \begin{pmatrix} \sigma_p^2 & \Sigma \\ \Sigma & \sigma_s^2 \end{pmatrix}\right) \tag{3-1}$$

成立，sale的条件概率分布为：

$$(sale \mid price = p) \propto N\left[u_s + \frac{\Sigma}{\sigma_p^2}(p - u_p), \sigma_s^2 - \frac{\Sigma^2}{\sigma_p^2}\right] \tag{3-2}$$

根据上述计算结果，销售面积增幅sale在房价已知为p时的条件概率分布仍然为正态分布，其具体形式为：

$$(sale \mid price = p) \propto N(5.1011p - 0.1624, 0.0157) \tag{3-3}$$

第四节　蒙特卡洛模拟与违约概率预测

一、行业简易现金流量表的构造与压力测试建模

与其他行业相同，房地产行业的现金流量亦包括经营、筹资和投资三个部分，为了准确、简洁地反映施压变量与现金流量变化的关系，需要对现金流量的各部分进行分析，作一些合理性假设，构造一个简易现金流量表。

（一）筹资活动现金流量

筹资活动现金流入主要包括股东投资、股东借款、银行贷款、发行债券或者其他借贷，由于房地产企业大多为有限责任公司，融资品种一

① 数据来源于bloomberg。

般为以项目为基础的抵押借款，无股东或者第三方担保，考虑到压力测试本身为不利情景的测试，因此压力情景下无论股东、银行还是其他资金提供者向房地产开发企业新增融资的可能性都较小，因此筹资活动现金流入量可以忽略不计；同时，在压力测试情况下，由于原资金提供者可能会收回投资，筹资活动现金很可能会出现一定的流出，但流出数量需经验确定，因此压力测试环境下筹资活动现金流量可以假设为净流出，本书假设流出规模为付息负债总额的10%。

（二）投资活动现金流量

由于房地产企业非流动资产占比较小（如万科集团的非流动资产仅占总资产的4.8%），且变现难度相对较大，压力测试环境下的投资活动现金流入可以忽略不计；同时，不利环境下房地产开发企业进行股权投资和固定资产投资的可能性也较小，投资活动现金流出亦可以忽略不计。因此，压力测试环境下投资活动现金整体净流量可以假设为零。

（三）经营活动现金流量

经营流动现金流入主要来源于商品房销售收入，现金流出主要为支付的土地款和建筑承包费（存货相关变动），经营活动现金净流量为偿债资金的根本来源，也是本书的分析重点。根据会计学的相关知识，考虑到存货变化是房地产开发企业主要的经营性现金流变化的来源，我们可以得到以下财务数据之间的关系：

当年现金支出 = 年末存货余额 - 年初存货余额 + 去年销售结转的存货额

其中，对于房地产开发企业，去年销售结转的存货额与销售成本相近。

又有：存货周转率 = 销售成本/存货（平均）

因此，在已知各年度存货余额和存货周转率的情况下，可以得到压力期因存货变动导致的经营性现金流变化情况。

综上，期初现金存量、经营活动现金净流量和筹资活动现金流出量是我们关注的重点。另外，现金流量并非时点数，而是一个时期内整个行业现金收入和支出的归集，按照习惯，本书选取一年作为压力测试区间。销售价格并非年末或者 12 月的时点价格，而是一年内的平均销售均价，销售均价与销售总面积的乘积即为销售额。行业简易现金流量表及各主要项目在压力情况下的变动路径和幅度假设见表 3－8。

表 3－8　行业简易现金流量表及各主要项目压力情景下的变动路径和幅度

项目		变动路径和幅度
0	**期初现金及现金等价物余额 X0**	2008 年末数据
1.1	经营活动现金流入项 X11	X111
1.1.1	有现金来源的销售收入（会计收入＋预收账款）X111	随机数据
1.2	**经营活动现金流出项 X12**	X121＋X122＋X123＋X124＋X125
1.2.1	存货支出 X121	设定数据
1.2.2	管理费用 X122	销售收入的 5%
1.2.3	销售费用 X123	销售收入的 4%
1.2.4	营业税金及附加 X124	销售收入的 10%
1.2.5	所得税费用 X125	（X111 － X121 － X122 － X123 － X124）×25%
2	**筹资活动现金流出项 X2**	X21＋X22
2.1	付息负债本金 X21	减少 10%
2.2	付息负债利息 X22	付息负债本金×7%
3	**期末现金及现金等价物余额 X3**	X0＋X11－X12－X2

注：由于以上销售价格和销售面积为实际成交价格和面积，无须考虑购房者放弃购买导致的销售收入减少问题。

几项假定及压力测试建模如下：

A：违约条件：［X3］＝［X0＋X11－X121］＜X122＋X123＋X124＋X22×0.5

B：存货变化的几项假设：假设年底存货位于一定水平，为补充因销售而减少的存货而发生的支出（这里称为“存货支出”）为现有存货水平的一定比例。为了分析作为贷款主体的房地产企业对房价下跌的不同反应，这里区分存货支出40%、50%、60%、70%、80%、90%六种情形分别进行压力测试。

C：当X125 <0时则不考虑该项。

D：应付账款余额不变。

按照上述约束，以A、B、C、D为条件，对表3－8数据进行补充后得到表3－9。

表3－9　行业简易现金流量表及各主要项目压力情景下的变动路径和幅度

项目		变动路径和幅度（亿元）
0	**期初现金及现金等价物余额X0**	2500
1.1	**经营活动现金流入项X11**	X111
1.1.1	有现金来源的销售收入（会计收入＋预收账款）X111	40000×（1＋价格变动率）×（1＋销售面积变动率）
1.2	**经营活动现金流出项X12**	X121＋X122＋X123＋X124＋X125
1.2.1	存货支出X121	30000×存货支出比例
1.2.2	管理费用X122	X111×5%
1.2.3	销售费用X123	X111×4%
1.2.4	营业税金及附加X124	X111×10%
1.2.5	所得税费用X125	（X111－X121－19%×X111）×25%
2	**筹资活动现金流出项X2**	X21＋X22
2.1	付息负债本金X21	4400
2.2	付息负债利息X22	X21×7%
3	**期末现金及现金等价物余额X3**	[X0＋X11－X12－X2]

注：①（2.2）项仍然按（2.1）项对应的压力期上年度的付息负债额；②为计算方便，上述数据大多进行了取整处理。

二、蒙特卡洛模拟结果与分析

本节根据上节的研究进行压力测试模型分析。本书将房屋销售价格指数阈值设定为下降30%，压力测试的基本场景分为8种：房屋销售价格指数保持不变时，房价下降5%、下降10%、下降15%、下降20%、下降25%、下降30%、下降35%和下降40%。随机产生的场景数量设定为10万个，在每一个场景中预测和模拟行业的现金流情况，根据大数定律，行业平均的违约概率=违约场景数/100000。

在假设［A、B、C、D］的条件下根据随机生成的销售面积对企业的现金流量进行预测，根据预测结果来分别判断企业是否违约，违约标为1，不违约标为0。将以上的过程重复进行10万次，产生10万个场景，分别计算违约次数并除以模拟次数，即得到违约概率，结果见表3－10。

表3－10　不同存货支出情况下违约概率与房价下降幅度的关系表

房价下跌幅度（%）	存货支出比例（%）					
	40	50	60	70	80	90
1	0.0205	0.0422	0.0796	0.1376	0.2188	0.3232
2	0.0219	0.0444	0.0834	0.1438	0.228	0.3355
3	0.0228	0.0464	0.0878	0.1501	0.2387	0.3491
4	0.024	0.0488	0.0925	0.1571	0.2482	0.3618
5	0.025	0.051	0.0952	0.1648	0.2588	0.3744
6	0.0257	0.0534	0.1004	0.1716	0.2689	0.3891
7	0.0273	0.0558	0.1051	0.1804	0.2809	0.4035
8	0.028	0.0588	0.1094	0.1873	0.2925	0.4175
9	0.0295	0.0616	0.1149	0.1957	0.3048	0.4326
10	0.0308	0.0642	0.1204	0.2039	0.3148	0.4477
11	0.0323	0.0672	0.1257	0.2132	0.3289	0.4624
12	0.0338	0.0698	0.1315	0.2227	0.3418	0.4781
13	0.0349	0.0733	0.1372	0.2321	0.3545	0.4947
14	0.0363	0.0762	0.1436	0.2419	0.3681	0.51
15	0.0383	0.0797	0.1496	0.2516	0.3815	0.5276
16	0.0399	0.0837	0.1566	0.2616	0.3954	0.5423
17	0.0414	0.0877	0.1636	0.2731	0.4103	0.5594
18	0.0432	0.0909	0.1702	0.2837	0.4247	0.5753

续表

房价下跌幅度（%）	存货支出比例（%）					
	40	50	60	70	80	90
19	0. 0447	0. 0952	0. 1783	0. 2957	0. 4392	0. 5925
20	0. 047	0. 0989	0. 1840	0. 3077	0. 4549	0. 6091
21	0. 0489	0. 1035	0. 1943	0. 3196	0. 4705	0. 6258
22	0. 0507	0. 1082	0. 2019	0. 3318	0. 4855	0. 6424
23	0. 0529	0. 1129	0. 2101	0. 3442	0. 5023	0. 6592
24	0. 0545	0. 1175	0. 2191	0. 3575	0. 5184	0. 6763
25	0. 0569	0. 1227	0. 2284	0. 3712	0. 5347	0. 6931
26	0. 0591	0. 1276	0. 2373	0. 3849	0. 5523	0. 7104
27	0. 062	0. 1331	0. 2466	0. 399	0. 5697	0. 7264
28	0. 0639	0. 1382	0. 2574	0. 4134	0. 5858	0. 7417
29	0. 0663	0. 1441	0. 2672	0. 4278	0. 6026	0. 758
30	0. 0691	0. 15	0. 2781	0. 443	0. 6192	0. 774
31	0. 0722	0. 1563	0. 2896	0. 4585	0. 6371	0. 7887
32	0. 0746	0. 1626	0. 3002	0. 4747	0. 6544	0. 804
33	0. 0774	0. 1698	0. 312	0. 4904	0. 6715	0. 8188
34	0. 0802	0. 176	0. 3242	0. 5068	0. 6891	0. 8325
35	0. 0829	0. 1831	0. 3365	0. 5242	0. 7053	0. 8465
36	0. 0866	0. 191	0. 3501	0. 5407	0. 7227	0. 8597
37	0. 0892	0. 1985	0. 3627	0. 558	0. 7387	0. 8727
38	0. 0925	0. 2071	0. 3763	0. 5754	0. 756	0. 8846
39	0. 0963	0. 2134	0. 3911	0. 592	0. 7727	0. 8963
40	0. 1002	0. 2233	0. 4046	0. 6101	0. 7883	0. 9066

模拟结果显示，假设开发商对前景看跌，取60%作为存货支出的谨慎假设（温和压力情景），当房价分别下降5%、10%、15%、20%、25%、30%、35%和40%时，违约概率分别为9.52%、12.04%、14.96%、18.40%、22.84%、27.81%，33.65%和40.46%。此处得到的结果为违约概率，而不是通常所讲的不良贷款率，原因是“不良贷

款率”为专有名词，其计算方法是有明确规定的①，与本书设定的违约标准并不完全吻合，本书在一年的压力期下测算得到的违约贷款最终是否会成为不良贷款则同时受其他因素影响。按照本书第二章关于房地产经济周期的研究，即使出现古典周期中的下降周期，如果周期的波长较短，如 1 年，那么 1 年后当房地产行业重新繁荣的时候，上述违约贷款可能会成为正常贷款；但同样，如果周期的波长较长，或者房地产不景气维持了较长时间，则上述违约水平会进一步恶化，并带来不良贷款的显著增加。

但是从直观角度来讲，一般情况下我们还是想对商业银行的承受能力有个考察，因此本书按此章计算的结果作为不良贷款比率，同时考虑到非压力情景下开发贷款的一般不良率为 2.5%，压力情景下的增量信用风险应对该比率予以扣除。以全国 19300 亿元的开发贷款余额，按 60% 的回收额作为损失后剩余价值进行保守估算，将分别出现贷款增量损失 542 亿元、736 亿元、962 亿元、1227 亿元、1570 亿元、1954 亿元、2405 亿元和 2931 亿元，即上述 8 种情况下的开发贷款增量损失为 500 亿 ~ 3000 亿元。按《中国银行业监督管理委员会 2008 年报》数据，2008 年末银行业整体各项资产减值准备 7735 亿元，税后利润 5834 亿元，即使房价下跌按 40% 计算，不考虑房地产周期在一年后即回升，按 60% 的回收率计算开发贷款的损失，中国银行业也完全可以应对房价较大幅度的回调。因此，从民生的角度，或者从国内外宏观金融决策的角度，当面临房地产开发贷款信用风险的决策时，完全没有必要相信“银行比开发商先死”的言论，至少可以做到相机决策。具体计算结果

① 依据贷款五级分类，不良贷款指次级、可疑和损失三类，其中次级类贷款指借款人的还款能力出现明显问题，完全依靠其正常营业收入无法足额偿还贷款本息，即使执行担保，也可能会造成一定损失的贷款；可疑类贷款指借款人无法足额偿还贷款本息，即使执行担保，也肯定要造成较大损失的贷款；损失类贷款指在采取所有可能的措施或一切必要的法律程序之后，本息仍然无法收回，或只能收回极少部分的贷款。

见表3-11。

表3-11 温和压力情景下全国房地产开发贷款信用风险估算

房价下跌幅度（%）	违约概率（%）	扣除正常不良率后的违约率（%）	增量违约额（亿元）	可能增量损失额（亿元）
5	9.52	7.02	1355	542
10	12.04	9.54	1842	736
15	14.96	12.46	2406	962
20	18.40	15.90	3069	1227
25	22.84	20.34	3926	1570
30	27.81	25.31	4885	1954
35	33.65	31.15	6012	2405
40	40.46	37.96	7326	2931

对模拟结果作进一步分析发现，违约概率随存货支出水平的增加迅速上升，也就是说，如果开发商盲目乐观，不能冷静决策，在房地产出现拐点前仍进行大规模投入，则将给商业银行带来更大的损失。

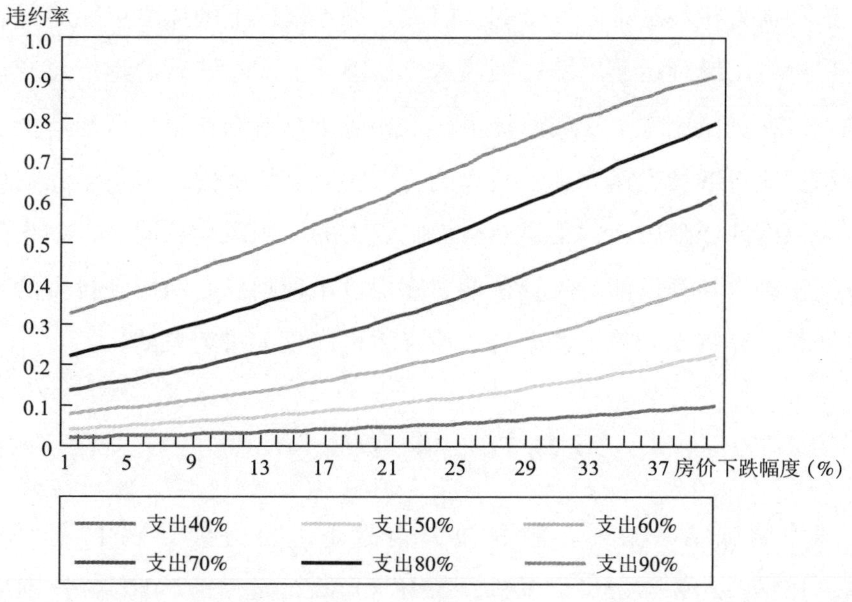

图3-1 不同存货支出情况下违约概率与房价下降幅度的关系

如果在存货支出 90% 的情况下对商业银行的承受能力进行测算，可得到如下测算结果：

表 3-12　极端压力情景下全国房地产开发贷款信用风险估算表

房价下跌幅度（%）	违约概率（%）	扣除正常不良率后的违约率（%）	增量违约额（亿元）	可能增量损失额（亿元）
5	37.44	34.94	6743	2697
10	44.77	42.27	8158	3263
15	52.76	50.26	9700	3880
20	60.91	58.41	11273	4509
25	69.31	66.81	12894	5158
30	77.40	74.90	14456	5782
35	84.65	82.15	15855	6342
40	90.66	88.16	17015	6806

由表 3-12 可见，存货支出的增加将导致可能增量损失额的迅速上升，当价格下跌 40% 时违约概率达到 90%，可能损失额达到 6806 亿元，这种损失显然是难以承受的。因此，保守情况下的风险可控绝不意味着房价可以继续迅速上涨，因为房价的继续上涨意味着房地产总产值的扩大，在负债比率不变的前提下，也相应意味着商业银行房地产贷款余额和占比将继续迅速增加，脱离购房者实际支付能力的房价上涨将面临更大幅度的调整压力，很显然会面临更大的信用风险；同时，如果政府不能正确引导开发商的投资预期，在房价出现拐点之前出现投资的非理性增长，存货支出将迅速上升，后果将可能是无法想象的。

第五节　本章小结

压力测试结果显示，温和压力情景下，当房价分别下降 5%、10%、15%、20%、25%、30%、35% 和 40% 时，违约概率分别为 9.52%、12.04%、14.96%、18.40%、22.84%、27.81%、33.65% 和

40.46%；以全国19300亿元的开发贷款余额，按60%的回收额作为损失后剩余价值进行保守估算，将分别出现贷款增量损失542亿元、736亿元、962亿元、1227亿元、1570亿元、1954亿元、2405亿元和2931亿元，即开发贷款增量损失为500亿～3000亿元。考虑到2008年末中国银行业整体各项资产减值准备7735亿元，税后利润5834亿元，在温和压力情景下即使按房价下跌40%，回收率60%计算开发贷款损失，中国银行业也完全可以应对房价较大幅度的调整压力。但是如果房价继续上涨，且政府不能正确引导开发商的投资预期，在房价出现拐点之前出现投资的非理性增长，后果将可能是无法想象的。

| 第四章 |

房地产价格调整与个人住房贷款信用风险

上一章对房地产开发贷款的信用风险进行了估算，本章对房地产相关的第二大类贷款个人住房贷款的信用风险问题进行详细讨论。由于房地产价格的调整对不同的购房者将造成不同的影响，不同贷款主体结构的商业银行也将面临不同的信用风险状况。本章在对中国商业银行个人住房贷款现状进行充分调研的基础上，根据按揭贷款信用风险分析的一般方法，提出了分析中国目前个人住房贷款信用风险的思路，对总体信用风险状况进行估计，对商业银行的承受能力进行评估。

第一节 次贷危机回顾与分析

20 世纪 20 年代曾被欢呼为美国“新时代”，信用借贷、炒股等概念随着经济繁荣迅速发展。人们热衷于分期付款，出现了规模庞大的分期付款赊销行为，洗衣机、冰箱、汽车和珠宝等纷纷进入寻常百姓家。1924—1929 年，分期付款销售额从 20 亿美元增至 35 亿美元，其增长率惊人。然而，消费热潮是建立在信用过度扩张的基础之上的，1929 年美国人的购买力显示出了明显严重的失衡。布鲁金斯研究所的研究指出，1929 年美国 2/3 的储蓄由年收入超过 10 万美元的 24000 个家庭拥有，其总收入为600万个最穷家庭（占总人口的1/5，年收入在1000美元以下）总收入的3倍。实际上，年收入在5000美元以下的美国家庭要花掉绝大部分收入才仅仅维持温饱，年收入低于1500美元的家庭（占总人口的2/5）则入不敷出。强劲的消费冲破了相对萎缩的收入，由此形成非理性的"透支消费"悖论。

不幸的是，过度透支未来的消费模式同样给进入21世纪的美国埋下了危机的种子。20世纪90年代，遭遇互联网泡沫破裂以及"9·11"事件的重创后，美国将房地产市场作为经济引擎。美联储以连续降息的手段刺激经济增长，宽松的货币政策把典型的房地产泡沫吹鼓了起来。标普公司发布的Case－Shiller10个主要城市房价综指显示，1997—2006年，美国房价持续上涨。在市场繁荣和房价一路攀升的带动下，居民购房意愿上升。1997—2006年，美国住房自有率的各项指标在所有地区、所有年龄组、所有种族组、所有收入组，都出现全面上升。同时，金融机构大力扩张住房贷款，千方百计向信用度极低的借款者推销住房贷款。美国抵押贷款银行家协会的数据显示，2002年美国家庭债务为8.5万亿美元；2006年上升为11.5万亿美元，相当于家庭年可支配收入的127%；2007年美国家庭债务规模进一步扩大到14万亿美元，债务已高达家庭年可支配收入的133%，这是史无前例的。其中，家庭抵押贷款从2002年的5万亿美元增加到2007年的10.6万亿美元，家庭消费信贷从2002年的1.9万亿美元增加到2007年的2.5万亿美元。2001年，美国次贷总规模仅占抵押贷款市场总规模的5.6%，2006年则上升为20%。同期美国的个人储蓄率却持续下滑（如图4－1所示），这说明美国人花的钱越来越多，存的钱越来越少，借贷消费的人越来越多。2005—2007年美国个人储蓄率接近于零，分别为0.4%、0.7%、0.6%。2005年美国个人储蓄率仅次于1932年－0.9%和1933年－1.5%的历史最低纪录，创下自"大萧条"时期以来历史最低点。

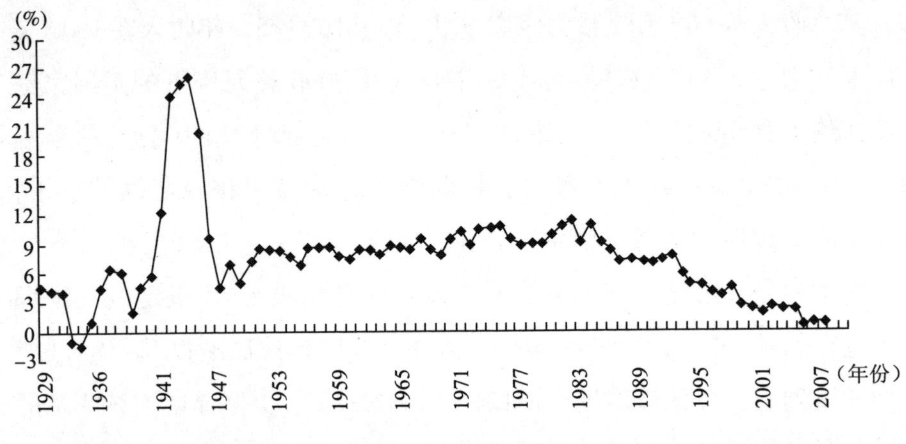

图 4-1　1929—2007 年美国个人储蓄率

资料来源：美国经济分析局（BEA）。

但是，由于宏观经济和房地产经济周期性下滑，货币政策出现调整，利率提升，导致房价暴跌，房贷违约率大幅上升，破产（问题）金融机构直线增加。从 2004 年中开始，美国连续加息 17 次，2006 年起房地产价格止升回落，一年内全国平均房价下跌 3.5%，为大萧条

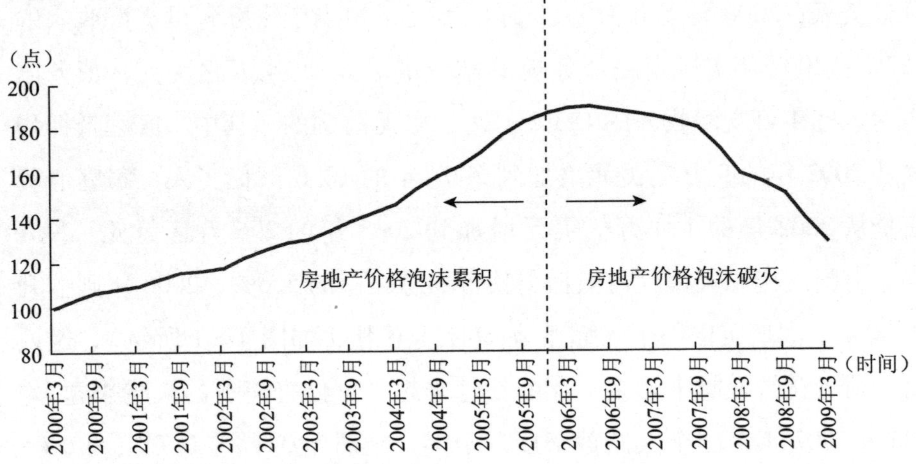

图 4-2　2000 年 3 月至 2009 年 3 月标普/Case-Shiller 全美房价指数走势

资料来源：Bloomberg。

以来首次。部分地区的房价下降超过了20%，房价下挫为大萧条以来最大跌幅，并导致次级和优级浮动利率按揭贷款的拖欠率明显上升，无力还贷的房贷人越来越多。新房销售量也大幅下滑（如图4－3所示），2008年12月下降14.7%，经季节调整按年率计算仅为331万套，为1963年以来的最低水平。

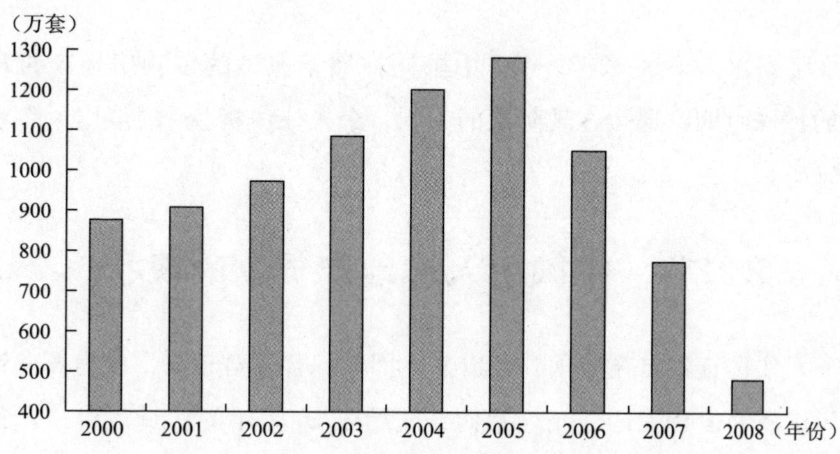

图4－3　2000—2008年美国单户型新房销售量

资料来源：美国普查局（U. S. Census Bureau）。

表4－1　美国问题银行及破产银行情况

指标项	2009年第一季度	2008年第一季度	2008年	2007年	2006年	2005年	2004年
问题机构的数量	305	90	252	76	50	52	80
问题机构资产（亿美元）	2200	260	1590	220	80	70	280
破产机构数量	21	2	25	3	0	0	4

资料来源：FDIC2009年第一季度季报。

上述数据表明，大萧条和次贷危机爆发前，美国人都负债累累，消费信贷过度扩张，消费过高的同时储蓄过低。而储蓄的重要作用之一是预防由不确定因素带来的风险，缓冲不确定性的冲击，如果拥有足够的储蓄，收入变动、物价变动、利率变动等风险都能够得到有效的缓解。用个人储蓄除以个人可支配收入，可以得出个人储蓄率指标，它既可以测度居民的风险承受能力，也可以间接用来衡量贷款人的还贷能力，在个人储蓄率极低的情况下，个人的风险承受能力自然就很低，当个人消费的持续增长缺乏相应的收入水平支持时，消费的进一步扩张是不可持续的。①

众所周知，2008—2009 年，中国同样属于典型的依赖房地产拉动 GDP 的特殊时期，那么在现阶段的中国，个人住房贷款②的信用风险状况如何呢?

第二节　中国个人房地产贷款的现状

个人住房贷款自在中国开办以来，因其综合收益较高，成为商业银行最为优质的信贷资产之一。然而，起始于 2007 年的次贷危机给我们的重要启示是，由于个人住房贷款总体规模较大，对宏观和金融政策较敏感，常常隐藏着巨大的系统性风险。根据 Wind 资讯统计，2004 年中国个人消费贷款中长期贷款（以个人住房贷款为主）余额 18628 亿元，2009 年 11 月末达到 47191 亿元，在不到 5 年的时间里增长 153%。根据国内某大型商业银行的数据及其市场占比换算，至 2009 年 9 月，中国个人住房贷款余额约 30000 亿元，占贷款总额的比例超过 10%③。随着中国住房价格的快速上涨，住房金融安全问题逐渐引起了人们的重视。通常情况下，居民获得个人住房贷款购买房产有两个主要渠道，一是商

---

① 根据“萧条之前：美国流行炫耀性消费”一文（出自 http：//www.jsw.com.cn），及国内某银行内部研究报告“顽疾难治：大萧条与次贷危机之比较”整理。

② 本书对个人住房贷款、个人购房贷款、个人房地产按揭贷款和个人住房抵押贷款不作区分，统一用“个人住房贷款”。

③ 如果考虑管理不规范的中小银行如城市商业银行和农村信用社，个人住房贷款的余额和比例将更高。

业银行（或者银行类金融机构），二是住房公积金管理中心，由于住房公积金贷款商业银行主要承担受托业务，基本不承担信用风险，因此本书讨论的个人住房贷款限于银监会统计口径的商业银行发放的个人住房贷款（由于商用房贷款的占比较低，且按揭成数较低，亦不再单独讨论）。

第三节　个人住房贷款信用风险分析的方法选择

发达国家开办个人住房贷款的历史相对较长，且由于数据积累较为充分，对个人住房贷款信用风险的研究相对较早，也出现了较多有分量的研究成果。早期学者 Jung（1962）认为贷款价值比（Loan - to - value ratio）和个人住房贷款利率与违约风险之间存在正相关关系；Gau（1978）用借款人特征维度、房地产特征维度和融资特征维度的 64 个变量对个人住房贷款违约风险进行了研究，并建立了个人住房贷款违约风险分类模型；Foster 和 Van Order（1984，1985）、Nothaft 和 Wang（1993）、Wall（1988）认为权益价值（住房价格 + 借款人违约所需承担的费用 - 抵押贷款价值）可以解释主要违约原因，研究方法主要为期权理论和/或有求偿权理论，国内学者如赵新华（2000）、陈钊（2000）等一般称此现象为理性违约，将相对应的借款人无力偿还称为被迫违约；Terrence M. Clauretie 和 Mel Jameson 综合考虑借贷双方的交易费用和利得，建立了再协商模型（或者称为再协商理论）；Smith、Sanchez 和 lawrence（1996）则利用马尔科夫递推过程（Markovian Recursion）为按揭贷款违约的预测提供了一个新的视角；Quercia 和 Stegman（1992），Quigley、Van Order 和 Deng（1993），Bart Lambrecht、William Perraudin 和 Stephen Satchell（1997），W. Archer、P. Elmer、D. Harrison 和 D. Ling（1999），以及国内一些学者对个人住房贷款违约与贷款价值比、借款人特征（婚姻、收入、学历、年龄、职业等）、房地产特征（区域、一手房与二手房等）、贷款特征（金额、首付比例、期限、剩余期限）、贷款利率（固定或者浮动利率）的关系进行了研究，但得到的结论并不一致；至次贷危机发生前，个人住房贷款信用风险的主要研究方向为违约对按揭资产池（或者证券化资产组合）价值的影响。国内对个人住房贷款违约比较系统的研究相对较少，较系统和较规范的研究见王福林（2004）的研究。总体来看，以上主流研究成果的分析逻辑可作如下总结：从违约驱动力来看，分理性违约和被迫违约两种；从被迫违约的形成原因来看，主要考虑了利率、收入、职业、年龄等因素；从理性违约的形成原因来看，主要考虑了贷款期限、房地产价格周期和交易费用等因素。但相对于中国的国情，以上研究方法和结论存在以下不足或者不可借鉴的地方：一是没有从全国的角度去研究银行业面对的整体风险；二是简单地套用国外的模型进行对比分析，没有充分考虑中国宏观经济和房地产业的发展阶段，存在明显的模型风险；三是没有从购买动机进行分类，而是将所有购买者均视为自住需求；等等。本书在总结已有文献研究成果的基础上，对目前中国个人住房贷款信用风险的测度和防范提出自己的见解。

一、研究方法

研究方法上，国外学者一般采用多元线性回归、Logistic 模型、Logit 模型、Probit 模型、Tobit 模型、聚类分析、判别分析和期权模型，国外及中国台湾地区较为经典的研究总结见表 4-2。

表 4-2　个人住房贷款信用风险分析研究方法①

作者与时间	数据来源	模型选择	重要结论
VonFurstenberg(1969)	联邦住宅委员会	多元线性回归模型	贷款价值比、贷款期限、收入为重要影响因素

① 资料来源于王福林（2004）。

续表

作者与时间	数据来源	模型选择	重要结论
Lawrence 等（1992）	国家财务公司	Logistic 模型	借款人的信用状况、年龄、贷款额度与偿还能力为影响因素
Canner 等（1991）	消费者财务状况调查及人口普查资料	Logistic 模型	贷款价值比与违约率、损失率均显著相关
Quigley 等（1991）	联邦住宅抵押贷款公司	比例风险模型	30 年期固定利率、低贷款价值比或自用住宅有较低的违约率
Epley 等（1996）	住宅融资年度调查报告	Logistic 模型、Probit 模型和判别分析	三种统计方法在分类正确性与影响因素方面均有不同的结果
Campbell 等（1983）	抵押贷款保险公司	Logistic 模型	贷款价值比与偿还能力对违约有显著影响
Deng 等（1996）	联邦住宅委员会	期权模型	贷款价值比、住房价值、失业率及离婚率均为重要影响因素
George Gau（1978）	两家私营抵押保险公司	因子分析、判别分析和聚类分析	影响各个类别的违约特征是不同的，对不同类别的研究达到风险评级的目的
李馨苹（1997）	中国台湾台中地区某银行	因子分析，聚类分析、Logistic 模型和判别分析	影响不同类别借款人的因素存在差异性，应分类研究

（一）判别分析

判别分析（Discriminant Analysis）是根据已知个人住房抵押贷款分类（违约贷款或正常贷款）和表明贷款分类特征的变量推导出判别函数，再根据判别函数对未知贷款所属类别进行判别的一种分析方法。应用判别分析可以研究各个变量对个人住房贷款违约风险的影响方向及影响程度，进而达到判别未知分类贷款可能所属类别的目的。

判别函数的一般形式是：

$$Y = \alpha_0 + \alpha_1 x_1 + \alpha_2 x_2 + \alpha_3 x_3 + \cdots + \alpha_n x_n \tag{4-1}$$

式中，Y 为判别分值（判别值）；x_1，x_2，x_3，…，x_n 为反映个人

住房抵押贷款违约特征的变量；α_1，α_2，α_3，…，α_n 为各自变量的系数，又称判别系数。

判别函数分析的程序首先是将所调查的样本分为违约贷款组和正常贷款组，根据组内离散性最小、组间离散性最大的原则建立判别函数来预测未知分组属性的样本可能所属的组别。判别函数可用判别指数检验，判别指数越大说明判别函数越重要。判别函数的系数可用标准化判别系数，哪个变量的标准化系数绝对值大，说明对判别值有更大的影响，从而可比较各变量对判别值的相对重要性。

（二）Logit 模型和 Logistic 模型

Logistic 模型的最大优点在于它解决了因变量不连续回归的问题，特别是因变量为分类变量时非常适合使用该模型进行研究。应用 Logistic 模型分析可识别自变量对个人住房贷款违约风险的影响方向，达到识别影响个人住房贷款违约风险主要因素的目的。Logistic 模型由 Logit 模型变换而来。Logit 模型采用的是逻辑概率分布函数（Cumulative Logistic Probability Function），具体表达式为：

$$P_i = \frac{e^{z_i}}{1+e^{z_i}} \tag{4-2}$$

或

$$P_i = \frac{1}{1+e^{-z_i}} \tag{4-3}$$

我们在式（4-3）两边乘以 $1+e^{-z_i}$，可以得到：

$$(1+e^{-z_i})\ P_i = 1 \tag{4-4}$$

将式（4-4）两边除以 P_i，再减去 1，得：

$$\frac{P_i}{1-P_i} = e^{z_i} \tag{4-5}$$

对式（4-5）两边取自然对数，从而得到 Logistic 模型：

$$\ln\left(\frac{P_i}{1-P_i}\right) = z_i \tag{4-6}$$

式中，$z_i=\beta_0+\beta_1X_1+\beta_2X_2+\beta_3X_3+\cdots+\beta_nX_n+\mu_i$，$P_i$ 表示个人住房抵押贷款违约事件发生的概率，$1-P_i$ 表示不发生违约的概率，β_i 表示待估计系数，X_i 表示自变量，μ_i 表示随机误差项。

Logistic 模型采用极大似然估计法来检验模型的拟合效果，回归系数的检验采用 Wald 统计量检验，Wald 值越大表明该自变量的作用越显著。

（三）聚类分析

聚类分析是根据个人住房贷款本身特征将借款人分为不同风险类别的方法。聚类分析的原则是同一类别中的个人住房贷款样本具有较大违约风险相似性，不同类别中的样本具有较大的违约风险差异性。因此，应用聚类分析可以实现对个人住房贷款样本进行违约风险分类，进而达到对不同违约风险等级贷款的本质进行识别的目的。在聚类分析中，对距离的测度可采用欧氏平方法。

$$SEUCLID(x,y)=\sum_i(x_i-y_i)^2 \tag{4-7}$$

二、变量的选择

根据前人的研究成果，住房贷款信用风险影响因素的研究中变量的选取大体包括四个维度：一是借款人特征维度，二是贷款特征维度，三是房产特征维度，四是地区特征维度。结合调研结果，各个维度变量的选择与量化方式总结为表 4－3。

表 4-3 个人住房贷款信用风险分析变量选择与量化方式的一般方法

变量类型	变量名称	变量量化方式或单位说明
借款人特征维度	家庭月收入	千元或万元
	借款人职业	不同银行有不同的分类方法，如可划分为私营业主、管理人员、技术人员等
	借款人年龄	周岁
	婚姻状况	如单身、已婚、离异
	借款人最高学历	可规定为初中以下，高中学历，大专学历，本科学历，硕士及以上，并设定不同的分值
	月还款额占家庭收入比例	%
	月还款额	千元
	是否当地人	当地人较外地人分值高
房产特征维度	住房购买价格	千元
	期房还是现房	期房；现房
	单位面积价格	千元
	房屋建筑面积	平方米
贷款特征维度	贷款金额	万元
	贷款价值比	%
	贷款期限	年
	贷款利率	年利率
	还款方式	等额还款、等本还款或者其他
	保险期限	年
区域特征维度	房价指数	指数

第四节 中国个人住房贷款信用风险实证分析框架

以中国主要商业银行的数据积累，第三节提到的研究方法和变量选择均是可以实现的。但是，由于东西方信贷文化和商业银行管理方式的差异，加之个人住房贷款发展阶段的不同，以上方法的应用均需有所取舍，并且需要加入新的自变量和调整变量。

房产特征维度加入政策性住房贷款。由于中国目前存在经济适用房和两限房政策，而上述两种住房的产权特征、单位价格和购买人群都有明显的特征，因此需要单独作为一类进行分析。

根据房产特征对一手房或二手房进行区分。二手房由于贷款时评估价格的人为影响因素比较严重（如人为做高评估价格以获得高额银行贷款），且二手房针对的人群亦有其自身特征，应将该因素加入模型。

房产特征维度加入住房套数。购房目的不同，住房贷款的安全性也会不同，自住房、改善房、投资房和炒房的贷款风险程度应该有明显差异，区别住房套数是区分购房目的比较可行的方法。

贷款特征维度加入首付比例。表4－3中仅把贷款价值比作为自变量，忽略了购房首付比例这个重要变量，由于首付比例是反映借款人购房实力和购房目的的重要变量，因此应加入该变量。

另外，要加大对虚假按揭贷款的检查，根据笔者的调研，虚假按揭是住房贷款的重灾区，虽然规模并不占主流，但违约比例较高，且违约损失率较大，应作为调整变量加入模型。

在完善了变量选择的基础上，本书认为中国住房贷款信用风险研究可采用以下实证框架：

借助完整的数据，以上实证框架可以比较全面地反映中国住房贷款的违约规律，并对未来信用风险状况进行预测。更为重要的是，以上研究为各银行个人住房贷款借款人信用评级的确定奠定了基础。限于数据的保密性，除了监管机构和银行内部相关部门，很难得到相关数据，因此，为了能够估算中国目前住房贷款的信用风险状况，我们需要寻找更为直接或者简单易行的计算方法。

同时，以信用等级为基础的风险评价方法在国民经济出现较大波动，房价出现较多下跌的情况下同样很难规避趋势性的错误。次贷危机的前车之鉴告诉我们，由于个人住房贷款规模较大，一旦出现系统性风险对商业银行将造成重大影响，因此研究价格调整压力下个人住房贷款的信用风险问题就成为个人住房贷款信用风险管理中的重要补充。

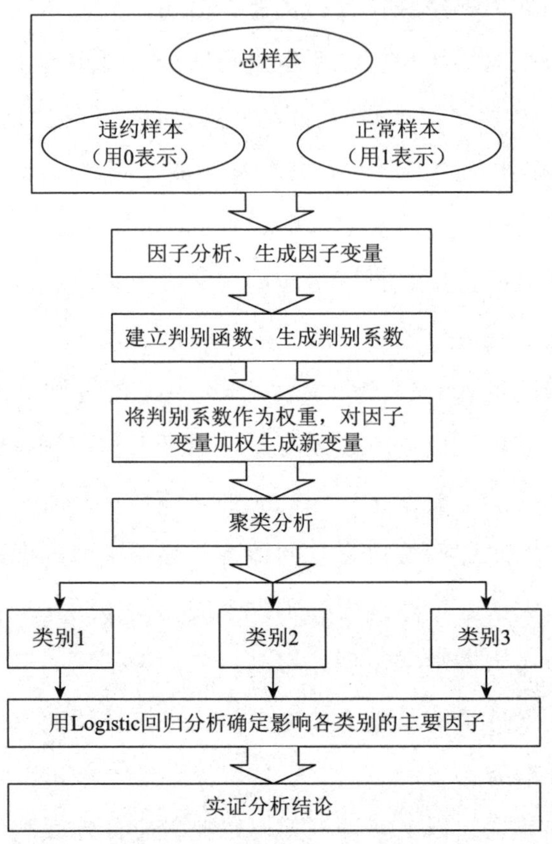

图 4－4　住房信贷风险实证框架

第五节　基于价格调整的个人住房贷款信用风险估计

至 2009 年，除农业银行以外，中国主要商业银行已实现整体上市，并基本按照国际规则对信贷资产质量情况进行披露，接受国际会计师事务所的定期及不定期审计。因此，对于正常情况下住房贷款信用风险的估计，我们完全可以借助于商业银行已披露的公开资料。根据对A银行的调研，得到其住房贷款质量情况见表4-4：

表4-4　A银行个人住房贷款质量情况①

分析口径	报告期（亿元）	不良贷款率（%）
个人住房贷款	7000	0.76
其中：个人住房按揭	6000	0.79

由表4-4可见，个人住房贷款的不良率维持在0.8%左右的水平，远低于商业银行信贷资产平均不良贷款率，为商业银行比较安全的资产之一。

但是，根据前面的研究，近几年中国房地产市场处于异常繁荣的时期，房价不断上涨，成交量一再扩大，按照一般规律，在房地产行业的上升期，不良贷款率维持在较低水平是正常的。但是，假设房地产周期遇到拐点或者单边上涨过后出现深幅下跌，根据国外经验，个人贷款资产质量存在较大的滑坡可能。显然，如何测度房价出现大幅下跌的情况下个人住房贷款违约率和违约损失率的变化，属于敏感性分析或者压力测试研究的范畴。

国内对于个人住房贷款压力测试的研究尚少，总结国外对于个人住房贷款压力测试的文章我们发现，其基本思路是首先通过计量的方法确定宏观经济和金融变量与个人住房贷款违约率（其中违约损失率常常按50%进行假设）的关系，然后按照历史事件或者假设情景设定压力情景下各宏观经济和金融变量可能的取值，最后计算压力情景下的违约率。例如，对基于Logistic模型的压力测试，我们可以将上文所述模型的变量由首付比例、贷款利率、借款人职业等替换为国民收入增长率、贷款利率、房地产价格指数等变量，进而确定各变量与个人住房贷款违约概率间的关系。因此如果拥有充足的数据，可先用聚类分析的方法对

① 出于商业机密，对数据进行了一定的整理。

所有样本进行分类，然后分别用 Logistic 模型进行分类压力测试，以得到更加精确的结果。但是，正如在本书第三章的开发贷款压力测试中为规避中国没有经历过较严重的衰退，难以确定压力情景下各变量取值的缺陷，本书在开发贷款的信用风险估计中使用了基于现金流量的压力测试方法；同样，个人住房贷款压力测试中，我们也难以确定相关变量在压力情景下的取值，因此即使我们能得到（也一定能得到）一定情景下的个人住房贷款的压力资产质量值，由于取值的合理性值得商榷，所得结论的意义可能并不大。因此，本书不再采用通常使用的计量方法，而是以定性分析为主，通过调研所得数据，以逻辑推理的方式对压力情景下个人住房贷款的质量变量情况进行合理推算。

一、判断依据一：储蓄率仍处于较高水平

根据本章第一节的分析，储蓄率的变化是衡量购房者最终偿债能力的最终指标，虽然近几年中国住房贷款额迅速攀升，但是储蓄率仍处于较高水平。

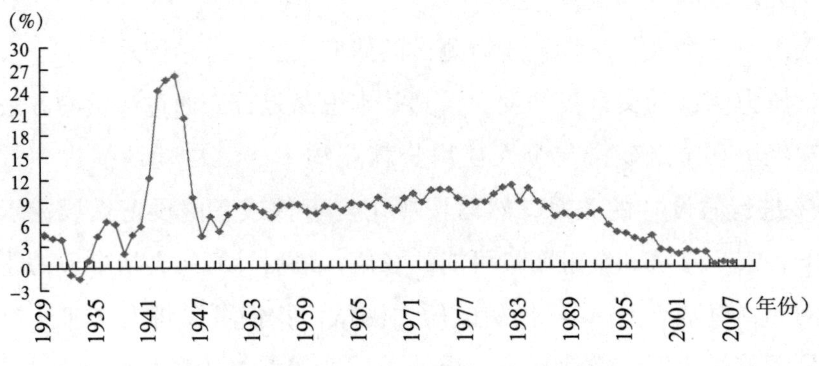

图 4-5　1929—2007 年中国个人储蓄率

资料来源：中国人民银行网站。

也就是说，简单从储蓄率判断，居民在迅速上涨的房地产市场中购房，损失的是总体福利水平，并没有严重危及个人住房贷款本身的安全。

二、判断依据二：LTV 仍处于合理范围

根据笔者对 A 银行的调研情况，如果按 2008 年的房地产价格对抵押物价值进行调整，该行部分主要分行贷款余额/抵押物价值比分布情况如图 4－6 所示。

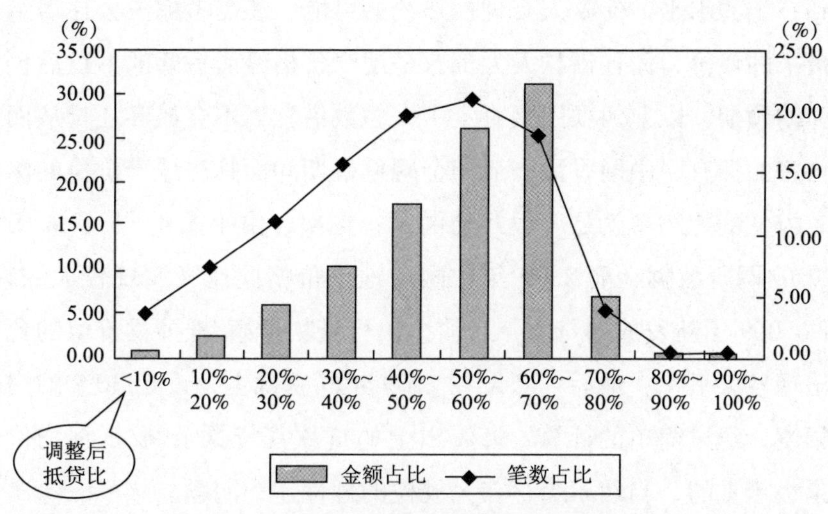

图 4－6　贷款余额/抵押物价值比分布

如图 4－6 所示，该行个人住房贷款中贷款余额/抵押物价值比在 90% 以上的比例不足 1%，主要是部分政策性住房（部分享受 10% 的首付优惠政策）。根据目前中国政策性住房的相关政策，政策性住房的单价较低，月供较少，且主要面向有当地户口的家庭（收入不高但相对稳定），由于贷款总额较小，即使出现风险影响亦有限。

三、判断依据三：理性违约可能性小

理性违约的基本逻辑是如果房地产价值小于剩余的贷款余额，理性借款人将宁愿放弃对房屋的拥有而不再还款。笔者认为，这种情况在中国目前阶段基本上是不会大面积出现的。首先，中国目前的信贷制度规

定，除被抵押的房屋外，个人是以连带责任对银行贷款承担责任的，假设贷款前期调查时认为该借款人以其自身收入可以归还月供，那么房地产价格下降影响的是借款人的净资产值，而不是月供能力（当然部分炒房者除外），同时由于中国没有个人破产制度，不会出现像美国次贷危机期间大规模个人破产导致的债务逃避行为；其次，即使房地产价值下降到一定的水平，借款人有理性违约的可能，还需考虑失去住房给借款人带来的代价，而且借款人大都有房地产价格经历短暂的下跌后仍然会反弹的预期，以上两项因素决定了大多数借款人不会放弃还贷从而放弃对住房的拥有，中国香港在亚洲金融危机期间面临房地产价格的深度下跌时极低的违约率就是个很好的例证；再次，由于图 4 - 6 是 A 银行 2008 年的调研数据，而 2009 年中国房地产价格同比又实现较大涨幅，不考虑 2009 年新发放的贷款，目前该银行贷款余额/抵押物价值的比例亦应出现较大下降；最后，假设在 2009 年的基础上，设定 30% 的房价下跌幅度，经过简单的计算，95% 以上的贷款其贷款余额/抵押物价值仍然是小于 1 的，当然不会存在大规模的理性违约问题。

四、判断依据四：被迫违约可能性不大

被迫违约通常是借款人收入下降，导致无力偿还贷款的情况。通常情况下，如果房地产行业出现严重衰退，那么 GDP 增长速度将受到较大影响，从而国民收入或者借款人的支付能力被削弱。但是，一方面中国目前的贷款价值/抵押物价值比较低，即使发生违约，银行的损失也不会太大；另一方面中国目前的借款人结构并不像美国次贷危机发生前一样，贷款大量发放给没有实际偿还能力，只依靠房地产价格上涨预期维持信心的借款人，而是严格按照监管机构的首付比例和借款人相对稳定的收入水平发放个人住房贷款，风险是可控的。目前 A 银行个人贷款按职业分类如图 4 - 7 所示。

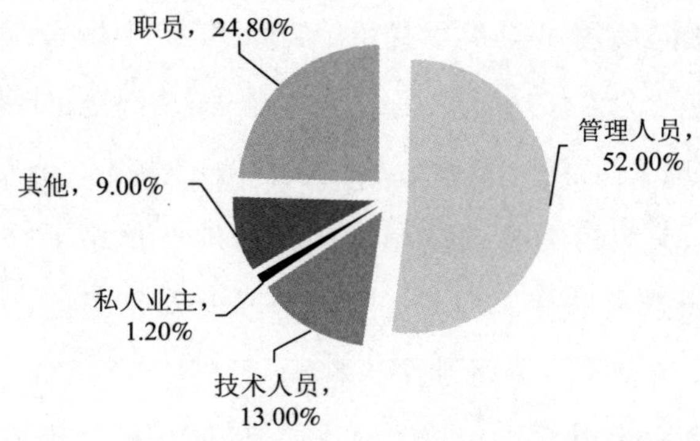

图 4－7　A 银行 2008 年个人住房贷款按职业分占比

图 4－7 的启示是，目前商业银行对借款者收入稳定性的控制是十分严格的，即使对资产总额较高的个人业主，仍然不作为积极营销对象，而对于工作不十分稳定的从业人员，则要求大幅提高首付比例。同时，这个统计结果也可以从我们周围的实际情况来观察，目前中国个人按揭贷款的深度还远远不够，大量具备偿还能力的借款人由于不愿意接受高房价而没有办理个人住房贷款，各大商业银行开拓个人住房贷款的重点不是像美国那样放宽借款人的偿还能力标准，将借款人按偿债能力分级发放所谓次级债，中国目前发放的个人贷款都是在严格审查并符合监管机构规定基础上发放的，营销重点仍然是以楼盘开发贷款为基础的房地产卖房市场下的优质客户群体。

五、个人住房贷款整体信用风险估算

综上，笔者认为，即使中国房地产价格出现较大幅度下跌，仍然不会出现大面积违约现象，其本质是因为中国的住房金融深度（这里笔者借鉴金融深化程度自定义的概念，主要指商业银行业务量的增加不意味着贷款条件的放松）尚不足，仍处于开发优质客户阶段，而不像美国处于挖掘次级贷款客户阶段。各大银行在个人住房贷款市场的竞争虽然非常激烈，但是尚处于价格竞争（利率竞争）阶段，并没有放宽贷款条件，因此总体信用风险是可控的。2008 年，中国金融监管机构曾要求各大银行进行个人住房贷款违约压力测试，由于当时中国房地产业处于短周期中的下行阶段，各银行从比较保守的角度对个人住房贷款进行了压力测试，A 银行的测试结果为：在房地产价格下跌 10%、20% 和 30%，银行贷款利率上升 54 个、108 个和 162 个基点的压力情景下，该行房地产开发贷款不良率将升至 3.8%、5.9% 和 8.5%，而个人住房按揭贷款的不良率会升至 1.14%、2.13% 和 6.64%。因此，即使按最差情景估计，该行 7105 亿元可能发生 472 亿元不良贷款，剔除正常状况下 0.8% 的不良率，相当于增加 415 亿元不良贷款。如果以全国 30000 亿元个人住房贷款，按上述压力测试结果最坏情况进行估计，则可能出现 2000 亿元不良贷款。同时，由于中国贷款余额/抵押物价值比较高，且在不存在破产制度的情况下损失率较少，按价格下跌 30%，损失率 25% 估计（不考虑房地产周期在发生不良到处置抵押物之间重新回到上升周期违约率将减小的情况）的前提下，最大违约损失应在 500 亿元之内。这个风险显然是可接受的。另外，国内一些学者在研究个人住房贷款的信用风险时将提前还款风险纳入其中，其实这是十分错误的，因为提前还款风险属于利率风险和资金再运用风险，是典型的市场风险问题。

目前中国主要商业银行的个人住房贷款管理制度已比较健全，定性的管理方法大多属于管理实践方面的内容，虽然重要，但是考虑到篇幅不在本书中介绍。但有一点需要重点提及，根据笔者对国内主要商业银行的调研，以套取商业银行资金为目的的假按揭是目前个人住房贷款的重灾区。由于住房贷款期限长、利率低、金额大，一些借款者会通过不真实的房地产交易套取银行资金进行投资，甚至进入股市进行投机，这部分贷款的风险是相当大的，应引起商业银行的足够重视，但这部分贷款的整体规模较小，且本质上是由商业银行的操作风险而非信用风险引起的。

第六节　本章小结

由于中国住房金融深度尚浅，目前个人住房贷款总体上是比较安全的。如果以全国 30000 亿元个人住房贷款，按最差的压力测试结果进行估计，可能出现 8.5% 左右的违约率、2000 亿元左右的不良贷款。同时，由于中国贷款余额/抵押物价值比较低，且在不存在破产制度的情况下损失率较少，按价格下跌 30%，损失率 25% 估计（不考虑房地产周期在发生不良到处置抵押物之间重新回到上升周期违约率将减小的情况），最大违约损失应在 500 亿元之内，这个风险显然是可接受的。

| 第五章 |

房地产价格调整与土地储备贷款信用风险

除房地产开发贷款和个人住房贷款外，还有一类直接与房地产相关的贷款容易被忽视，即土地储备贷款。土地储备贷款是在土地招拍挂总体框架下，近几年得到迅速成长的贷款品种。由于该种贷款的借款主体常常比较模糊，还款来源常常受到政府的干扰，多数银行对该贷款的风险评价尚处于探索阶段。但是，由于规模增长较快，且受房地产经济周期影响较为明显，加之中国地方政府土地财政问题和隐性债务问题已十分严重，该贷款品种逐渐成为商业银行房地产类贷款重点关注的领域之一。本章将综合考虑法律风险、财政隐性债务风险等因素，对土地储备贷款的借款主体、还款来源和风险防范措施进行研究和探讨，在房地产价格压力下，对中国土地储备贷款的总体风险进行估计。

土地储备制度最早起源于20世纪80年代初期的中国香港，并成为中国城市土地制度改革领域的一项重大举措。在实行土地国有的国家里，目前只有马来西亚和中国实行土地储备制度。1996年，上海成立第一家土地收购储备机构“上海土地发展中心”，1997年8月，杭州成立了杭州市土地储备中心，成为中国最早的土地储备机构。由于杭州市土地储备中心运作比较成功，很快作为经验在1999年全国集约用地市场研讨会上得以推广。2007 年 11 月，国土资源部、财政部和中国人民银行出台《土地储备管理办法》(国土资发〔2007〕277 号，以下简称《办法》)，以此为标志，中国土地储备制度在立法上、制度上较以前取得了实质性的进展和进步。《办法》规定，土地储备是指市、县人民政府国土资源管理部门为实现调控土地市场、促进土地资源合理利用目标，依法取得土地，进行前期开发、储存以备供应土地的行为。

由于中国土地国有的性质与目前大多数西方国家不同，因此研究土地储备贷款信用风险的外文文献基本没有。从国内研究成果来看，对于土地储备制度的研究（其实绝大部分研究称不上研究）相对较多，但由于土地储备贷款长期以来处于不规范的存在状态，对土地储备融资比较规范和系统的研究非常缺乏（按篇幅超过两页纸的研究都比较少)，较有参考价值的为一些基层工作人员的调研论文，如朱腊生（2005)、张文红（2006)[①] 的文章。

第一节　土地储备贷款的性质及规模

参考监管机构和主要商业银行的定义，土地储备贷款系指商业银行向借款人发放的用于土地收购、整理和储备的贷款，业内亦称土地一级开发贷款。那么土地储备贷款的由来是怎样的呢？一般来说，土地储备中心是地方政府的附属机构，地方政府通过财政注资成立，但这种注资行为通常是一次性的或者不连续的，且金额较小，远远不能满足以资金密集为主要特征的土地储备资金需求。最终，几乎在所有的地区，银行贷款都成为土地储备最主要的资金来源。

土地储备贷款的规模问题是研究土地储备贷款信用风险的难点。原

① 张文红，杜文忠．河北省土地储备贷款的调查与分析［J］. 华北金融，2006（11)：43－45.

因有二：一是2007年《办法》出台之前，土地储备贷款是没有列入单独科目统计的，因此基本没有官方的统计数据可查；二是2007年以后，虽然管理规范的商业银行对土地储备贷款进行了单独统计，但由于政府融资平台的模糊性，不以土地储备中心为借款人的土地储备贷款规模十分庞大，加之地方隐性债务的不透明性，土地储备贷款的真实规模是个谜。但是，如果按目前已有法定口径统计，中国目前的储备贷款余额大约在3500亿元左右。①

虽然无法准确确定土地储备贷款的规模，但是有一点是可以明确的，就是无论显性还是隐性的土地储备贷款规模都是迅速增长的，这个规律可以从下文提到的政府隐性债务规模和本人对A银行的调研结果得到。在土地储备贷款高速增长的同时，由于房地产经济周期的变化，不同时期不同区域的土地储备贷款质量动态变化明显。根据朱腊生（2005）的调研，2003年至2005年6月，江西省34家土地储备中心贷款的质量发生了较大变化，2003年没有不良贷款，而2004年末上升到16760万元，2005年6月末上升到20510万元，不良贷款比率上升到12.24%，同时关注类贷款占全部正常贷款比例迅速上升到60.21%。②但笔者通过对国内A银行的调研得到，2009年末该行土地储备贷款余额700亿元，比年初增加436亿元，同比多增409亿元，无一笔不良贷款，为该行最优质的资产之一，且增长迅速。因此，不同的房地产周期阶段对应着土地储备贷款信用风险的显著变化。随着中国土地制度改革和房地产市场的繁荣，土地交易的规模及相应土地储备贷款的规模仍将呈现高速增长态势，识别、测度和防范土地储备贷款信用风险，是一个十分有意义的课题。

---

① 官方渠道亦没有估计，本数据根据对A银行调研结果推算。

② 朱腊生．当前土地储备贷款风险值得重视——对江西省34家土地储备中心贷款情况的调整［J］．金融与经济，2005（12）：83－84.

第二节　土地储备贷款相关主体分析

由于借款主体、资金用途、还款来源不同，加之相关法律、法规不完善导致法律风险较多，土地储备贷款的信用风险表现出了其独有的特征和风险点。下面从土地储备贷款的资金流和各相关主体入手（如图5－1所示），探讨其信用风险的成因和防范问题。

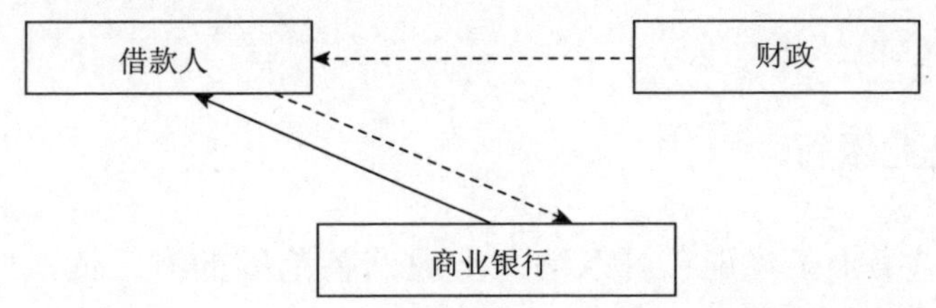

图5－1　土地储备贷款各相关主体资金流程图

一、借款主体

《办法》第三条规定，“土地储备机构应为市、县人民政府批准成立、具有独立的法人资格、隶属于国土资源管理部门、统一承担本行政辖区内土地储备工作的事业单位”，全国各地的土地储备中心即为这种性质的事业单位。但时，出于各种原因，由于土地收储的复杂性，各地方政府常常通过行政许可的方式，允许部分企业承担土地收储职能。因此，实践中，中国土地储备贷款的借款主体存在事业法人（主要是各地的土地储备中心，以下简称“事业主体”）和企业法人（主要通过行政许可方式获得收储资格的法人企业，以下简称“企业主体”）两种形式。

二、还款主体

（一）事业主体模式

从表面来看，借款人和还款人是统一的，但从事业主体模式的资金管理方式来看，本质上借款主体和还款主体是分离的。银行信贷资金进入事业主体后，所有资金的使用是由地方政府财政部门或者相关部门统一管理的；贷款本息支付的资金过程是财政拨款至事业主体，事业主体再归还银行本息，此即所谓的“收支两条线”管理方式。

（二）企业主体模式

这种方式比较简单，一般情况下企业主体以其所有资产及合同设定的第二还款来源承担对商业银行的债务，与普通企业法人借款区别不大。

三、商业银行

《办法》第十条规定，可以纳入土地储备范围的有：依法收回的国有土地；收购的土地；行使优先购买权取得的土地；已办理农用地转用、土地征收批准手续的土地；其他依法取得的土地。很显然，不同的土地来源对应着截然不同的收储成本，因此对银行来说，对不同土地来源对应的土地和后续项目的评估和评价，在一定程度上决定了银行融资风险的大小。

第三节　土地储备贷款信用风险的成因

一、房地产价格调整风险

土地收储是房地产开发的前期环节，土地出让收益是土地储备贷款的最终来源，土地出让收益能否顺利实现是银行债务得以保障的关键。但是，由于房地产市场对宏观经济、金融政策的敏感度较强，加上房地产本身的周期性特征，导致以现价确定的土地收购价格常常不能在储备完成之后顺利实现收益。如 2005—2007 年，在宏观经济快速发展的大环境下，得益于国家出台的各项政策和国内外综合因素，房地产市场需求量大，开发商拿地热情高，土地经营资金能够正常周转。反之，经济转入紧缩（萧条）时期，开发商拿地的热情会锐减，很容易造成土地长期积压。由于贷款本息的刚性特征，房地产业的衰退很可能导致储备机构收不抵支，形成银行不良资产。以2008年为例，迫于国内外宏观经济形势，中国采取了一系列宏观调控措施，对资金密集型的房地产业带来了较大压力，多个地区出现土地流拍和延期供地现象，这种状态势必导致土地收购储备经营风险向商业银行传递。2001—2008年全国综合地价与商品房价格增长率见表5-1，其中2007年地价上涨速度明显快于2008年房价上涨速度，如果这种情况持续时间长且增长率差距大，将带来较大的信用风险。

表5-1　2001—2008年全国综合地价与商品房价格增长率

年份	地价（元/平方米）	地价增长率（%）	房价（元/平方米）	房价增长率（%）	地价与次年房价增长率之差（%）
2001	1033		2170		
2002	1078	4.39	2250	3.69	-0.45
2003	1129	4.68	2359	4.84	-13.08
2004	1198	6.08	2778	17.76	-7.96
2005	1468	4.2	3168	14.04	-2.08
2006	1544	5.19	3367	6.28	-9.57
2007	1751	13.37	3864	14.76	11.95
2008	2474	0.47	3919	1.42	—

资料来源：土地市场价格走势平稳2008年全国城市地价状况分析报告［EB/OL］．中国国土资源网，http：//www.clr.cn/front/read/read.asp？ID=157781.

二、第一还款来源风险

（一）事业主体模式

《办法》明确规定，土地储备贷款应实行专款专用、封闭管理，不得挪用。但实际操作中，土地储备相关资金需纳入地方政府财政资金统一核算，即土地储备机构投入资金，通过收回、收购、置换和征收等方式取得土地，在进行直接或间接前期开发后出让，但出让收入必须直接上缴财政专户，土地储备机构对借款资金投入后所取得的资金收入并没有直接支配权，归还银行债务的资金同样需要财政统一拨付使用。因此，事业主体作为政府的下属单位，很难成为真正市场化的债务主体，其是否有真正的偿债能力常常取决于当地的经济发展情况和财政实力。同时，单从事业主体自身的财务情况看，总体偿债能力是比较差的。以珠海为例，截至 2006 年 9 月末，珠海市土地储备中心资本金总额为 1268 万元，从银行获得的土地储备贷款余额约 15 亿元，资本金与贷款的比例为 1∶117。① 因此，当地政府的财政实力和信誉成为决定土地储备贷款的关键因素。由于对财政偿还银行债务的能力及意愿分析是个比较复杂的问题，本节将在财政隐性债务部分作专门分析。

（二）企业主体模式

显然，对于取得政府批文从事土地储备的企业，企业自身的财务状况是评价银行融资安全性的主要因素。

三、第二还款来源风险

《办法》规定，土地储备机构向银行等金融机构申请的贷款应为担保贷款，其中抵押贷款必须具有合法的土地使用证。但实践中，土地储备贷款的担保仍存在大量的操作风险。

一是抵押权难以落实。一般而言，在取得土地之后和供应土地之前即储备状态下土地的使用权属处于事实上的真空状态（原有的权属已经注销，新的权属还未确定），土地储备机构不是储备土地的真正使用者，对其亦不享有处分权，不具备代表国家行使土地使用权的法定资格。在这种状况下为了获得抵押贷款，有的土地储备机构将土地使用权

① 童雪琼．当前土地储备贷款问题的调查与思考［J］．南方金融，2007（1）：66－67.

登记在自己名下，有的土地储备机构则为了节省土地登记手续的费用将规划红线图“质押”给银行。但是，前者不符合设定土地使用权的法定程序，后者不符合中国担保法关于质押的规定。《办法》第 17 条前半段规定：“市、县人民政府可根据需要，对产权清晰、申请资料齐全的储备土地，办理土地登记手续，核发土地证书。”[①] 该条为储备土地申领土地证书提供了法律依据，但是实际工作中，由于土地储备贷款进入之前很难取得《办法》第 17 条提到的合格土地证书，因此以此为基础设定的抵押仍然处于虚置状态。根据笔者对国内几家主要商业银行的调研，一些比较谨慎的商业银行通常要求土地储备机构提供其他具备合格土地证的土地作为抵押，但这种制度安排仍然会导致“张冠李戴”的问题，即一块土地的收益权为另一土地的贷款权人所抵押，实际交易中会遇到许多时间和空间上的错配问题。

二是财政担保效力模糊。中国《担保法》明确规定，政府不能作为保证人。但各商业银行的信贷业务实践中，仍然大量存在以政府作为保证人的现象，有的甚至只有政府的某些部门如财政部门、税务部门出具书面承诺。

四、项目风险

通常情况下，被收储的土地常常对应着政府规划项目，项目实施前的土地拍卖款是土地储备贷款的间接资金来源。因此，除了本节第一部分提到的房地产价格波动问题外，如果遇到项目进展不顺利（如拆迁导致工期延迟，远远大于土地储备贷款的期限），甚至项目因其他原因彻底失败（如规划修改或项目实施条件不存在），即使相应土地储备贷款办理了《办法》提到的合理土地证抵押，因相应土地的收益并未实

① 李强，崔健．土地储备制度新规对我国土地制度的影响［M］．中南民族大学学报（人文社会科学版），2008（4）：122－125.

现，银行将面临违约和损失的风险。

五、财政风险

根据以上分析，地方政府的还款能力和还款意愿是评价银行融资安全性的重要依据，但笔者经过对中国主要商业银行的调研发现，有一个重要问题几乎被所有商业银行忽略了，那就是地方政府的隐性债务问题。因此，本书在论述地方政府的财政能力时从以下三个方面展开：

（一）财政实力

对这个方面的考察主要来源于政府公开发布的数据和信息，易于理解和统计。值得注意的是，中国分税制改革以后，地方政府的财权远小于事权，各地财政实力不均现象突出，一些二线城市甚至一线城市的还款都常常是没有保障的。

（二）信誉风险

由于实行收支两条线管理，在脱离银行监管视线的情况下，政府可能将资金用于城市基础设施和形象工程建设投资，有的可能干脆以土地储备中心的名义为城建项目借贷。同时，地方政府通过土地储备机构不断地从银行借入大量资金以收购土地，但是出让土地所取得的收入不及时返还给土地储备机构用以还贷，而是将收入挪用搞其他建设项目或者用于其他用途，使得土地储备机构无法按期还本付息。

（三）隐性债务风险

笔者认为，中国的政府信息公开还有很长的路要走，财政收入、财政支出和财力信息公开更是如此。通常情况下，公开的财政数据并不能反映地方政府真正的偿债能力，因为中国存在非常严重的地方政府隐性债务风险。现行的《预算法》等有关法律，严格禁止地方财政出现赤字和地方政府举债，然而，一直以来中国各级地方政府大都不同程度地以各种方式举债。为了绕开《预算法》的约束，这些债务大多处于隐性状态，且所负债务的种类之多，负担之重，在不少地方可能远远超出地方政府的承受能力。由于隐性债务的或有性、非规范性和非透明性，目前尚无法确立统一的衡量口径，但必须重视的是其规模呈不断上升之势。这些负债缺乏统一管理，没有有效的风险防范机制，并正在通过银行体系向金融风险转化。隐性债务的统计难在哪里呢？首先，在政策上，由于《预算法》不允许地方政府举债，地方人大每年通过的预算必须平衡，所以地方政府出于谨慎的考虑不愿意公开政府债务；其次，在实际操作中，中国的预算会计以收付实现制为基础，即仅记载当期实际发生的资金收入和支出，而对政府的隐性或有负债未予以记载和披露；同时，地方政府的债务分布在多个部门，基本处于多头融资、多头管理、各自为政，债务规模、债务资金使用以及偿债能力不清的状态，不仅中央对地方政府的债务状况无法掌握，就连地方政府也难以弄清自己的负债规模。

本书借鉴刘少波等（2008）的研究，将地方政府的隐性债务划分为以下五个方面：一是目前大量存在也是政策允许的，根据国家统一安排由地方政府担保的大量外债；二是尽管在法律上不允许地方政府发债，但客观上已经形成的地方政府融资体系，包括金融机构贷款（担保、变相担保、抵押）以及以企业债券形式进行的市政项目融资等；三是县乡政府债务；四是地方政府使用的国债配套资金；五是地方政府的政策性债务，包括国有企业难以偿还的债务和金融风险的转嫁，地方政府的挂账以及社会保障资金缺口等。根据刘少波等的统计，地方政府的上述五类隐性债务已接近 5.5 万亿元，占 2006 年全国 GDP 的 26.3%，为 2006 年全国财政收入的 1.41 倍，相当于四大商业银行和政策银行不良贷款的 1.57 倍。同时，从地方政府隐性负债的程度来看，1988—2004 年地方政府的预算内收入相对于庞大的各项开支而言已经处于超负荷运转状态，地方政府的债务负担可能已经到了危机的边缘。① 当然，最近半年来社会各界对政府平台债务的关注度突然提高，但目前对“政府平台”这个概念并无统一的定义，不同的口径统计出的政府平台的显性和隐性债务有时差距较大。因此，对于商业银行来说，一定要实行“一地一策”“一债一策”的措施，虽然全国政府平台的数据比较难以掌握，但当地金融机构对当地政府债务负担情况还是比较了解的，因此，商业银行要尽可能地采取全面、有效的措施，做好贷款调查，在一定程度上规避政府平台融资风险还是可能的。

从表面看，以上五类风险具有相对独立性，但从本质来看，房地产经济周期或者说房地产价格调整是以上风险产生的主要诱因，并遵守以下逻辑：

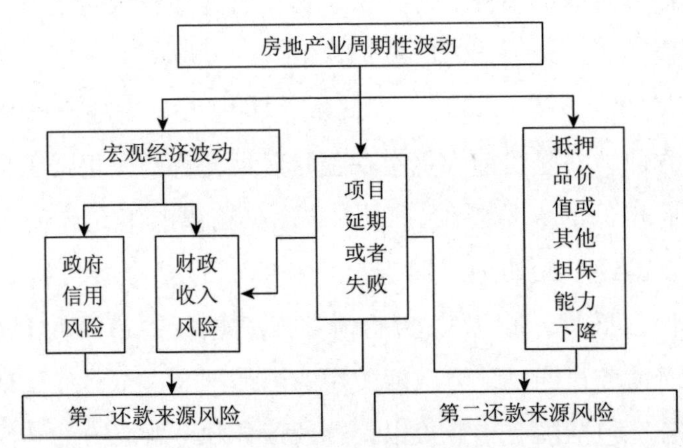

图 5－2　房地产价格调整

因此，房地产行业的周期性波动或者说房地产价格调整压力是土地储备贷款产生风险的主要诱因，也是风险管理工作主要关注的对象。

① 刘少波，黄文青．我国地方政府隐性债务状况研究［J］．财政研究，2008（9）：64－68.

第四节　土地储备贷款风险的测度方法

本书从政策制定、贷前调查和贷后检查三个方面探讨土地储备贷款风险防范问题，并对目前中国土地储备贷款的风险程度进行测度和估计。同时，由于“企业主体”模式的贷款数量较少，且其信用风险分析模式与常规公司贷款相似，其中关于土地储备品种特点的信用风险分析“事业平台”模式亦能够概括，因此本节重点对事业平台模式进行分析。

根据巴塞尔新资本协议的主导思想和逻辑基础，信用评级是确定违约率，违约损失率及贷款定价和限额核定的基础。本书在广泛搜集中国主要商业银行土地储备贷款综合信用等级评价指标体系的基础上，尝试建立一套更加科学的评价体系，作为商业银行风险防范的主要参考依据。依据前文的分析，地方政府的偿债能力是土地储备贷款偿债的真正来源，而财政能力的基础是地区经济实力的综合反映，因此地区评价是土地储备贷款偿债评价的决定因素。根据中国土地储备贷款的实践和经验总结，笔者赋以 75% 的权重。同时，土地储备平台自身的财务能力也是偿债的来源之一，本书也将设定客观的评价指标，并赋以整体评价 25% 的权重，即土地储备事业平台综合评价得分 = 地区评价得分 × 75% + 客户评价得分 × 25%。

一、地区评价指标体系的建立

由于数据可获得性较差，相对于企业偿债能力评价，对地区进行经济评价的难度较大，本书充分对比分析了目前国际著名评级机构和主要商业银行对地区经济发展水平的评价，并将隐性债务风险，房地产经济周期指标纳入体系范围，使得经济评价更加科学合理。具体评价指标体系如表 5 - 2 所示。

表5-2 地区评价指标体系构成

评价部分	子部分	指标	权重及分数
经济发展水平评价	经济结构	第二和第三产业增加值占比	—
		固定资产投资比重	—
	经济发展水平	GDP 总量	—
		人均 GDP 水平	—
		固定资产投资总额	—
		社会消费品零售总额	—
	经济增长速度	GDP 增长率	—
		人均 GDP 增长率	—
		合同利用外资增长率	—
		固定资产投资增长率	—
		社会消费品零售总额增长率	—
经济基础条件评价	所属经济板块		—
	投资政策与环境		—
	辖内基础设施发达程度		—
	交通发展程度与前景		—
	当地土地市场活跃度		—
财政支付能力评价	财政收入	财政预算内收入	—
		财政预算内收入年增长率	—
		财政预算外收入	—
	财政负债	财政金融负债率	—
		财政金融负债增长率	—
		财政金融负债与当地 GDP 比率	—
	财政管理与投资	财政资金管理规范程度	—
		公共项目建设的规范程度	—
		公共项目经济效益评价	—
	隐性财政状况	地方政府承担的外债总额与占比	—
		市政项目融资总额与占比	—
		乡镇政府债务总额与占比	—
		国债配套资金总额与占比	—
		政策性债务总额与占比	—

续表

评价部分	子部分	指标	权重及分数
金融与信用环境评价	该地区各家金融机构贷款质量情况		—
	各类由财政承诺还款的贷款质量情况		—
	当地金融机构资金拆入拆出情况		—
房地产经济周期所处阶段判断	此为地区评价标准的评分调整项，按房地产经济周期各阶段取值（专业水平较高的银行可以自行设定周期性跟踪指标，其他银行可以借鉴咨询机构提供的周期跟踪数据或者完全依靠专家判断执行）		—

上述评价指标体系没有明确评价主体即地方政府的级别，由于省（直辖市、自治区）、市、县及以下地区的经济状况差距是很大的，不同级别的行政区域和不同特点的行政区域其评价办法应有所区别，上述评价体系适用于经济规模相对较大，各项管理相对较规范的地区。对于规模相对较小的经济体，如有需要，上述评价指标体系可以作为评价标准的参考。得到评分结果后，不同分数与信用等级的对应属于信用等级评定的技术处理问题，不在此单独解释和说明。

二、客户评价指标体系的建立

土地储备贷款事业平台借款主体的业务类型比较单一，因此有参考意义的财务指标也相对较少，如通常评价企业经营效率的应收账款周转率对土地储备企业来说意义就不大。在此基础上，本书确定以下指标作为客户评价指标体系的构成指标，如表5－3所示。

表5－3　客户评价指标体系构成

企业公司治理	客户管理水平评价
企业信用记录	客户及紧密关联部门、企业信用记录
企业偿债能力	资产负债率
	货币资金余额/总负债
	（货币资金余额/总负债）近三年平均值
	当年成本效益比
	近三年成本效益比

续表

企业公司治理	客户管理水平评价
企业运营状况	土地出让收入总额
	土地出让收入增长率
	财政资金拨付到位率

上述地区和客户两个评价指标体系的分值均没有标出，原因如下：一是分值的确定本质上是在历史数据中寻找统计规律的过程（大多以多元统计的方法确定指标，然后确定指标的权重），而这些数据的整理不借助机构的力量是很难完成的；二是不同于压力测试对某一类型信用风险的估计，由于每个银行的风险偏好不同，同样的地区不同的银行会给出不同的分值或者作出不同的综合得分底线评价（如有的银行以60分作为A级的标准，有的以70分作为A级的标准），因而以笔者自身的偏好作出权重评价意义不大。

三、对评级模型的调整和补充

上节构建的评价指标体系已对贷前的风险控制作了很好的制度设计，并且加入了防止房地产经济周期的因素。但是，一个模型或者一个总体的架构不可能完全包含所有的变量，尤其是一些涉及定性问题的判断；同时，对于具体债项而言，个性化的因素可能重于整体因素，如一个好的地区和一个好的企业可能参与了一个不好的项目，而这个项目可能给企业带来无可挽回的损失。因此，对土地储备贷款信用风险管理应该重点关注的问题再作一强调。

（一）优选项目

商业银行应尽量按项目选地块，优先考虑有真实项目规划背景的土地收储贷款；项目所在地区经济发展稳定，财政状况良好，土地市场化程度较高，房地产市场环境良好，政府负债情况合理；土地存量适中，土地收购、整理、储备和出让等行为比较规范，各项程序符合相关法律法规规定。

（二）科学评估

收储的土地类型不同，对应的收储成本和未来收益的实现亦不同，商业银行要加强对拟支持项目的调查评估，通过对土地类型、位置、大小、价值等因素的综合分析，认真测算土地合理收购价和整理储备成本等，从而确定合理的贷款乘数和额度。可制定如下约束：借款人为事业法人的，贷款额度最高不超过土地收购、整理和储备总成本的60%（或者抵押物评估价值扣除土地出让金后的60%）；借款人为企业法人的，项目资本金不低于项目总投资的30%（并随着国家有关规定进行调整）。

（三）期限合理

不同类型的目标土地及不同的规划用途对应不同的项目周期，因此商业银行的贷款期限要力求与所选地块运作周期一致，规避期限错配风险。《办法》出台前，国家相关部门曾设定土地储备贷款期限不超过两年，造成诸多项目到期不能按期偿还银行本息，"被迫"形成较多不良信贷资产。

（四）落实第二还款来源

虽然《办法》对收储土地的土地证颁发有新的规定，但实际执行过程中仍存在大量不利于债权人的环节和因素，因此商业银行应尽量要求借款机构提供完全符合《担保法》规定的土地进行抵押，并尽量落实其他合法有效担保。同时，注意政府对土地的特殊调控政策，如空置3年（含）以上的商品房及闲置2年（含）以上的土地可能要被收回等。

（五）名单制管理

由于各地财政状况的差异性较大，土地储备贷款政策不宜一刀切，商业银行宜一地一策，按区域实行名单制管理，对于对未列入名单的分支机构和地区，不得办理土地储备贷款业务。

（六）进度跟踪

主要调查项目土地收购时间、搬迁改造时间、项目完成时间及其进度安排；国有土地使用权补偿情况和拆迁补偿情况，是否存在拆迁纠纷，是否有规划修改等。

（七）资金监管

要求借款人在合同约定的还款期限内，将土地出让收入优先用于偿还贷款，或者签订协议，约好全程资金分配模式。

（八）风险防范

深入研究房地产行业周期性变化对项目和融资的影响，适时进行压力测试和情景分析，提高风险防范的前瞻性，预防极端损失的出现。

第五节　基于价格调整的土地储备贷款信用风险估计

本节的题目是“土地储备贷款风险估计”，而不是“土地储备贷款风险测度”，原因除了土地储备贷款相对零散、一致性规律难以总结之外，还有存在大量的“变相信托”资金导致中国土地储备贷款直接规模难以估计。以2009年为例，普益财富数据显示，全年共有204款房地产投资信托产品发行，较2008年的134款增加了50%以上，刷新行业纪录；同年成立181款房地产投资信托，规模为327亿元，规模同比增长40%。2010年2月，银监会下发了《关于加强信托公司房地产信托业务监管有关问题的通知》，明确指出信托公司不得以信托资金发放土地储备贷款。本书之所以认为此类信托资金及其运用可能导致商业银行的信用风险，是因为这类信托资金大多来源于商业银行的理财资金，而商业银行为了保证理财资金的发行通常对相应信托产品提供“隐性担保”，而提供担保的结果就是当信托资金的赎回出现问题时，商业银行会提供贷款转换该信托产品，因此本质上是商业银行的贷款或者信用在为土地储备提供最终资金支持。

同时，由于土地储备贷款借款主体的差异性，很难以一个“标准主体”的模式进行压力测试；另外土地储备贷款发展时间较短，总体规模相对较小，数据积累有限，也难以进行宏观压力测试分析。因此，对目前中国土地储备贷款信用风险的估计只能主要借助于经验判断。

在中国土地市场交易日益规范的情况下，土地储备贷款的风险是“相对”较小的，这个“相对”的参照物本书选择房地产开发贷款的信用风险。土地储备贷款与房地产开发贷款的最大区别在于贷款占资产总价值的比例不同，即假设一个房地产项目的资本金要求为30%，则贷款可能要占其开发成本的70%；而如果一块“生地”经过前期开发成为“熟地”，投入的成本也许只有“熟地”价值的20%。由此推断：①当房地产经济周期处于低谷时，对于施工过半的房地产项目由于已投入巨额信贷资金，一旦销售失败则意味着损失（或者较长时间的不良贷款状态）；但对于土地储备项目，即使土地拍卖时遇到房地产下降周期，但只要政府仍然出售该土地，结果只是土地出让金相对减少了，归还投入的信贷资金一般是没有问题的。②土地交易政府行为占主导，掌握行政权力的政府可以通过多种手段将土地出手；房地产项目则相反，由于一般是有限责任形式，而且民营企业占主导地位，所以“烂尾”项目重组的难度和周期会明显比土地储备贷款长，形成损失的可能性和金额就会放大。综上，本书认为，可以按照第三章关于房地产开发贷款压力测试温和情景房价下跌15%的情形下的违约概率，估计土地储备贷款的最大不良率。因此，如果不考虑隐性的土地储备贷款规模，按中国2009年末3500亿元土地储备开发贷款估计，增量不良率12.46%左右，可能形成约436亿元的增量不良贷款。考虑到土地的不可灭失性和不可再生性，且土地一级开发投入相对于土地价值较小，本书按15%

估计土地储备贷款的净损失，得到可能损失金额约 45 亿元。

第六节　本章小结

本章对土地储备贷款的借款主体、风险成因进行了分析，指出地区评价是土地储备贷款风险防范的主要因素；利用多元统计的方法，构建了土地储备贷款信用评级评价体系；对中国显性土地储备贷款整体信用风险进行了估计，在房价下跌 40% 的极端情形下可能形成的增量违约贷款约 436 亿元，可能出现的增量贷款损失约 45 亿元；隐性土地储备贷款由于透明度低、规模难以统计，无法进行信用风险估算，但由于其操作不规范导致的高风险特征，应引起商业银行和监管机构的高度重视。

| 第六章 |

房地产价格调整与抵押价值风险

本书第三～第五章详细探讨了与房地产直接相关的开发贷款、个人住房贷款和土地储备贷款的信用风险问题，并对房地产价格调整压力下以上三类贷款的违约概率和违约损失率进行了估算。但房地产价格调整对于商业银行信用风险的影响不止于此，由于房地产为目前中国商业银行贷款的主要抵押物，并且为各借款主体主要的资产存在形式之一，房地产价格的调整将引起商业银行抵押物价值的波动及借款主体净资产的变化，从而对商业银行的信用风险构成实质性影响。本章在充分调研的基础上，对相关风险进行实证分析和测度。

首先定义一个概念：抵押物价值下降会导致商业银行面对的信用风险出现变化，本书称此类风险为“抵押价值风险”。本书中抵押价值风险即指以房地产为抵押物的抵押贷款面临的信用风险。对抵押价值风险的系统性研究目前尚无直接资料可以参考，国外学者 Briys 和 Varenne（1997）、Finger（1999）、Gordy（2000）、Frye（2000）、Pozzolo（2002）、Franks 和 Sussman（2003）、Jimenez 和 Saurina（2004），国内学者何自力（2005）、于晨曦（2007，2008）对抵押贷款的违约率和违约损失率问题进行了一定的研究，可以在一些方面为本书的研究提供参考。

第一节 抵押价值风险产生的机理

本书所称的抵押价值是商业银行经评估确认的贷款抵押物的价值。比如，一笔固定资产支持融资，抵押物为一座写字楼，商业银行会聘请外部评估公司进行价值评估（有条件的商业银行进行内部评价），并按照评估价值的一定比例确定贷款额度，评估得到的抵押物的价值即为抵押价值；另外，贷款发放以后，抵押价值会随市场价值的变化而同步变化。实践中，价值评估的方法很多，如收益法、市场法、现金流折现法等，本书不对方法的选择进行区分和讨论。

按照巴塞尔新资本协议的框架和中国商业银行现行的制度安排，本书认为房地产业的周期性波动会从以下两个方面导致商业银行信用风险出现变化：一是抵押物价值下降导致银行贷款违约率和违约损失率提高的风险，本书称之为“贷款损失风险”；二是抵押物价值下降导致商业银行资本充足率下降，以及以抵押物价值为基础的可贷资金减少的风险，本书称之为“信用收缩风险”。“贷款损失风险”和“信用收缩风险”为本书的专用名词，下文不再加引号。下面分别对两类风险的产生机理进行分析，为整体测度中国商业银行目前的抵押价值风险提供理论依据。

一、贷款损失风险的机理分析

贷款损失风险包括两个衡量指标：一是违约概率风险（PD 风险），二是违约损失率风险（LGD）。表面上看，抵押价值下降与 PD 无关，因此 PD 风险比较难以理解；LGD 风险由于直接和抵押物相关，比较容易理解，但难以测度。另外，对于抵押贷款的安全性问题很多人是有误解的，认为抵押贷款的违约率和违约损失率相对较低，但统计结果并非如此，原因是商业银行的实践中，对于信用等级较好的客户，一般不需要提供第二还款来源，直接通过信用方式发放贷款，相应的违约率较低；而对于信用等级不高，或者风险相对较大的客户，商业银行要求其出具抵押担保等措施，但是即使使用了风险缓释技术，由于借款主体的偿债能力较差，这部分贷款的违约概率仍然较高，但违约损失率降低。因此，研究抵押价值下降的情景下贷款损失风险问题是十分有意义的。

（一）违约概率风险产生的机理

Pozzolo（2002）的理论模型将抵押与信贷风险管理联合起来加以考虑，对抵押品和抵押风险的关系进行了较为系统的阐述。假定融资项目有两种结果——成功和失败，借款人要对大小为1的项目向银行融资，该项目是有风险的：成功的概率为 $P(\sigma, e)$，其收益为 X，$X>1$。其中，σ 为项目自身的风险，$P'_{\sigma}<0$；e 为借款人的努力程度，$P'_{e}>0$；借款人努力所花的费用为 $f(e)$，其中 $f'(e)>0$，$f''(e)>0$；借款人需付的银行总利息为 $R>1$；借款人提供的抵押品价值为 C，$0<C\leqslant 1$。借款人为了实现利润最大化而选择最优的努力程度：

$$\max_{e}\prod(e) = P(\sigma,e)(X-R) - [1-P(\sigma,e)]C - f(e) \tag{6-1}$$

解决该最大化问题的充分条件是：

$$g(\sigma, e^{*}) \equiv \frac{f'(e^{*})}{P'_{e}(\sigma, e^{*})} = X-R+C \tag{6-2}$$

式中，e^{*} 为借款人的最优努力程度，最大化的必要条件是 $P''_{e}<0$。

银行部门是竞争性的，风险中性的银行对该项目融资的预期收益等于对另一无风险投资 ρ 的总收益，即：

$$P(\sigma, e)R + [1-P(\sigma, e)]\alpha C = \rho \tag{6-3}$$

其中，$\alpha\in(0, 1)$ 指当借款人违约时属于银行的那部分动产担保。对式（6-2）、式（6-3）求解，可以得出银行贷款的总收益和借款人最适度努力程度下的担保水平：

$$R = \frac{\rho + [1 - P(\sigma, e^*)]\alpha[X - g(\sigma, e^*)]}{P(\sigma, e^*)(1 - \alpha) + \alpha} \tag{6-4}$$

$$C = \frac{\rho - P(\sigma, e^*)[X - g(\sigma, e^*)]}{P(\sigma, e^*)(1 - \alpha) + \alpha} \tag{6-5}$$

假定整个社会由 n 个借款人组成，每一个借款项目具有不同的风险水平 σ_i（$i=1, \cdots, n$），只要 $P'_{\sigma_i}[\sigma_i, e^*(\sigma_i)] < 0$，则银行会对高风险的项目既实行高利率政策又要求高水平的担保。这是因为，在项目成功概率给定的情况下，银行会在高利率和高贷款保证中进行选择，但是，当项目成功概率下降时，银行会同时采取这两种工具来规避信用风险。因此，商业银行通过对抵押品的所有权或使用权的占有，增加企业的违约成本，从而有效防范违约风险。Jimenez 和 Saurina（2004）通过分析西班牙银行 1988—2000 年的商业贷款数据，从实证研究的角度对银行所要求的担保品价值与信贷违约率的正相关关系给予了支持。

（二）违约损失率风险产生的机理

传统的信用模型忽视了经济运行对抵押品价值的影响，只研究抵押品的平均价值以及平均的回收率。Joy Frye（2000）考虑了经济运行下滑给抵押品价值造成的损失和抵押品价值的系统性风险，扩展了 Finger（1999）和 Gordy（2000）的信用资本模型，得出违约概率和违约损失率的大小均与经济状况相关的结论。假定借款人 j 的风险暴露为 1，在一年期末，抵押品的价值由三个变量决定：抵押品的数量 μ_j，抵押品的波动性 σ_j，抵押品对系统性风险 X 的敏感度 q_j，则：

$$C_j = \mu_j(1 + \sigma_j C_j)_j = q_j X + \sqrt{1 - p_j^2} Z_j \tag{6-6}$$

式（6－6）中，X 为收益，Z_j 为个别风险，X、Z_j 为标准正态分布。

借款人的整体金融环境为：$A_j = p_j X + \sqrt{1 - p_j^2} X_j$。$p_j$ 为抵押品对系统性风险的敏感性。两个贷款人之间的相关性为：

$$\text{Corr}[A_j, A_k] = \text{Cov}[p_jX + \sqrt{1-p_j^2}X_j, p_kX + \sqrt{1-p_k^2}X_k] = p_jp_k \tag{6-7}$$

如果整个金融环境下降到一定程度，则借款人将发生违约。

假定 D_j 为违约事件，则：

$$\begin{cases} D_j = 1, \text{若 } A < \Phi^{-1}(PD_j) \\ D_j = 0, \text{其他情况} \end{cases} \tag{6-8}$$

式（6-8）中，PD_j 表示借款人的违约概率，从而 $P[D_j = 1] = E[D_j] = PD_j$。

如果借款人违约，则银行的回收额为：$R_j = \min[1, C_j]$，即 $LGD_j = \max[0, 1 - C_j]$；如果抵押品价值大于风险暴露额，则银行不会有损失；如果抵押品价值小于0，银行的损失将大于1。模型可以简化为损失额仅仅与违约相关，其计算方法为：

$$Loss_j = D_jLGD_j \tag{6-9}$$

式（6-9）中，D_j 由 X、X_j 决定，LGD_j 由 X、Z_j 决定，在 $X = x$ 的条件下：

$$E[Loss_j \mid X = x] = E[D_j \mid X = x] \times E[LGD_j \mid X = x] = E[PD_j \mid X = x] \times E[LGD_j \mid X = x] \tag{6-10}$$

经济运行情况 X 的提高会同时降低 PD 和 ELGD，因此，当 X 为 α 时，EL 即为（$1-\alpha$）。

无论从理论还是实证方面，我们均证明了抵押价值与信用风险存在较强的相关关系。

二、信用收缩风险的机理分析

正如诸多经典理论，如费雪（Fisher）的债务—通货紧缩理论（Debt - deflation Theory）所证明的一样，在经济下行周期，商业银行信用收缩、通货紧缩、经济衰退和不良资产增加之间可能形成恶性循环，从而导致金融危机或者银行危机。因此，如果抵押价值下降将导致银行信用出现收缩，且规模较大，影响面较广阔，应该引起足够关注。

（一）可抵押价值下降风险

LTV 为商业银行抵押贷款发放的重要参数，其计算方法为：贷款额/抵押物价值。因此，假设房地产价值大幅下跌，会导致 LTV 的分母减小，在 LTV 不变的前提下，贷款额度必将减少；同时，根据一般的规律，在经济不景气的时候，商业银行往往会调低 LTV 值，如从按房地产价值的 70% 发放贷款调整至 50% 。因此，商业银行新增贷款的规模会受到双重限制，即 LTV 减少和 LTV 分母减小。当然，也可以从借款人的角度去理解抵押价值下降导致的信用风险收缩问题，那就是借款主体（如企业）的资产价值下降会导致企业的财务状况出现恶化（如评估后的净资产下降及负债率的提高），负债率提高，从而获得贷款的能力相应下降。

（二）资本充足率下降风险

根据巴塞尔新资本协议的要求，资本充足率 = 监管资本/加权风险资产，其中监管资本与抵押价值变化无关，加权风险资产与抵押价值变化有关。但是，巴塞尔新资本协议规定各国商业银行根据自身情况，可选取标准法、内部评级初级法和内部评级高级法三种方法之一，由于每个方法对应着不同的资本充足率计算方法，相应的抵押价值下降对资本充足率的影响也不相同。

根据中国银监会 2004 年 3 月 1 日修订的《商业银行资本充足率管理办法》，以贷款类型作为区分不同风险权重的标准，如分为对其他国家的债权、对商业银行和证券公司的债权、对公司和个人客户的债权等。其中，第二十三条规定“商业银行对企业、个人的债权及其他资产的风险权重均为 100%”，第二十四条规定“个人住房抵押贷款的风险权重为 50%”。以此为标准确定的风险权重与抵押价值的变化是可行的。同时，巴塞尔新资本协议规定的标准法对公司债权的风险权重规定如表6－1所示。

表6－1　按信用等级划分的公司债权风险权重

信用评级	AAA至AA－	A＋至A	BBB＋至BB－	BB－以下	未评级
风险权重	20%	50%	100%	150%	100%

因此，如果信用评级的水平是相对稳定的，且抵押价值的变化对公司信用等级的变化影响不大，则标准法下抵押价值的变化也不影响加权风险资产的变化。但是，一般情况下，大规模的或者全国范围内抵押价值（如房地产评估价值）的变化常常伴随着公司价值（资产评估价值－负债评估价值）的变化，并导致偿债能力的变化，如果评级是动态的和及时的，一定面临着信用等级的变化，并意味着加权风险资产的变化。也就是说，从本质上讲，抵押价值的变化一定会导致资本充足率的降低。

根据中国银监会的安排，中国主要商业银行应尽快达到巴塞尔新资本协议内部评级高级法的要求，高级法加权风险计算方法如下：

相关性$(R) = 0.12 \times [1 - EXP(-50 \times PD)] / [1 - EXP(-50)] + 0.24 \times \{1 - [1 - EXP(-50 \times PD)] / [1 - EXP(-50)]\}$

期限调整$(b) = [0.08451 - 0.05898 \times log(PD)]\hat{}2$

资本要求$(K) = LGD \times N\{(1 - R)\hat{} - 0.5 \times G(PD) + [R/(1 - R)]\hat{}0.5 \times G(0.999)\} \times [1 - 1.5xb(PD)]\hat{} - 1 \times [1 + (M - 2.5) \times b(PD)]$

风险加权资产$(RWA) = K \times 12.50 \times EAD$

由此可见，高级法下加权风险资产与每一债项的*PD*、*LGD*密切相关。根据本节第一部分的论述，抵押贷款存在抵押价值下降的贷款损失风险，抵押价值下降会导致相应债项的*PD*和*LGD*明显上升，因此也会导致加权风险资产的增加。

综上，我们可以得到下面的结论：如果执行现行银监会的规定，抵押价值的变化表面上不会影响加权风险资产进而影响资本充足率，但本质上一定是商业银行资本充足率降低的原因；如果采用巴塞尔新资本协议规定的标准法或者高级法，则抵押价值的下降将引起资本充足率的下降。如果深入探讨中国监管机构的监管框架，当抵押价值的下降引起抵押贷款的贷款损失风险时，银行的利润会减少，准备计提会增加，通过计算公式分子的变化，同样会发现抵押价值下降将降低商业的资本充足率，因此上述几种方法本质上是相通的。

第二节 中国商业银行抵押贷款总量与结构调查

上一节对房地产价格调整引起抵押物价值变动，从而导致商业银行面对的信用风险发生变化的逻辑和原理进行了全面分析，要具体估计中国目前面临相应风险的大小，一定要获得中国银行业抵押贷款和资本充足率相应数据。经查询，中国尚没有对贷款按第二还款来源进行分类的公开数据。于是本书对代表性较强的国内 A 银行抵押贷款的情况进行了调研，由于其规模较大，管理较完善且市场占有率较高，以其作为整个银行业的分析样本是可行的。对这个样本设定的疑问可能主要来源于对中小银行抵押贷款比例的质疑，部分学者认为中小银行由于管理粗放，抵押贷款的比例可能较低，以管理较规范的国有大型银行的数据进行模拟可能会对信用风险形成低估。本书对山东部分中小银行（城市商业银行和农村信用社）进行了调研，调研结果发现，由于这些中小银行认识到自身的管理水平相对较低，在监管机构严格的风险控制指标下，倒逼的管理方式为降低信用贷款比例，尽可能地对借款增加抵押和担保。

一、抵押贷款的总量与结构

考虑到商业机密问题，本章对 A 银行相关数据进行了处理，但对分析结果不构成实质性影响。截至 2008 年末，该行法人客户押品共计

95000宗，内评价值（该行有内部评估机构）合计40000亿元，对应融资余额15000亿元（仅包括法人客户贷款），占全部信贷资产的45%。从该行近几年的发展趋势来看，押品价值与对应融资余额保持平衡增长，且略有超出。从信贷品种上看，流动资金贷款中的抵质押贷款增长16%（同期流动资金贷款增长8.16%），房地产贷款中的抵押贷款增长21%（同期房地产贷款增长15.1%）；流动资金贷款、房地产贷款中抵质押融资比例均超过50%，分别达到51%和82%（如图6-1所示）。

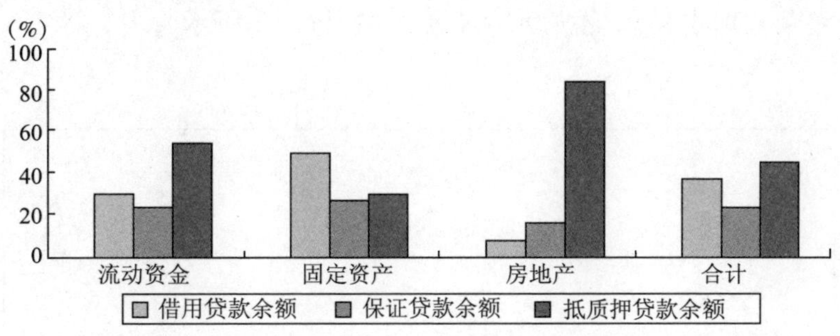

图6-1　A银行2008年分类型抵押融资占比

从押品结构情况看，表现为明显的集中化趋势和较强的政策随动效应。2008年末，该行九大类押品中，房地产、土地使用权和收费权类押品价值占比分别为34%、27%和29%，其中房地产和土地使用权两类合计占比61%，且处于持续增长的态势，如表6-2所示。

表6-2　A银行2008年末全行各类押品价值占比变化情况

押品种类（大类）	价值占比变化（%）	
	2008年比2007年	2007年比2006年
房地产	1.53	1.89
土地使用权	1.48	5.13
流动资产	1.47	2.07
机器设备	-2.53	-1.97

续表

押品种类（大类）	价值占比变化（%）	
	2008 年比 2007 年	2007 年比 2006 年
收费权	-1.55	4.87
交通运输设备	-0.17	0.32
长期投资	-0.35	0.51
资源资产	0.13	0.19
无形资产	0.00	-2.50

从区域分布来看，增量押品向发达地区集中，相应地区恰恰是房地产比较繁荣且房价易出现波动的区域（如图 6-2 所示）。

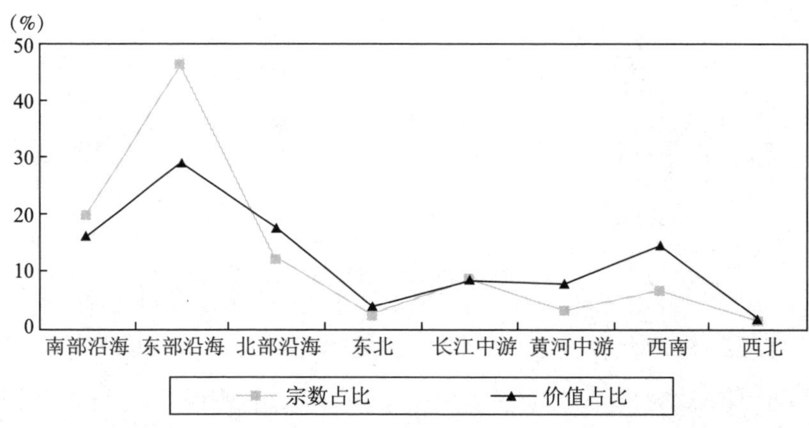

图 6-2　A 银行增量押品区域分布情况

二、抵押贷款质量与抵押缺口率

与一般衡量贷款质量的指标不同，由于抵押贷款涉及所有行业的贷款，不像单一行业那样可以根据行业特点进行违约率的测算，也不像整个银行业一样可以根据行业分布或者宏观经济总体状况判断整体贷款质量，需要有针对性的风险评价指标。本书采用业内比较常用的“抵押缺口值”来衡量抵押贷款安全性，其计算方法为“抵押物评估价值×抵押比例-贷款金额”。这个指标很难与违约概率建立直接联系，但假设借款人违约，且除了抵押物外没有任何还款来源，则将该指标视为相应贷款扣除相关费用后的违约损失额。

从对 A 银行的调研情况来看，押品对应融资的不良贷款占比 4%。从各类型押品抵质押率情况看，该行主要五大类押品中除土地使用权抵押率水平上升 0.73 个百分点外，其余四类押品的抵质押率均略有下降，具体情况见表 6－3。

表 6－3　A 银行抵质押融资抵质押率变化情况

押品类别	2008 年抵质押率	增减（%）
房地产	40%	－0.70
土地使用权	41%	0.73
流动资产	69%	－5.44
机器设备	36%	－0.31
其他抵押类型（略）	—	—

抵质押缺口总额与缺口率①（抵质押缺口与融资余额的比例）分别为 400 亿元和 3%，其中房地产抵质押缺口为 70 亿元。

经考察，不同类型押品形成缺口的原因有所不同：房地产抵质押缺口形成原因主要是市场价值波动、合法有效性不足和历史遗留问题三大原因；土地抵质押缺口形成原因主要是市场价值波动、合法有效性不足；机器设备抵质押缺口形成原因主要是市场价值波动、历史遗留问题；流动资产抵质押缺口形成原因主要是市场价值波动；收费权抵质押缺口形成原因主要是合法有效性不足、市场价值波动和保障不足值等。具体情况详见表 6－4。

① 缺口率：某类型（或全部）押品抵质押缺口与融资余额的比例，此处用来反映抵质押缺口相对于融资余额的对比关系，以从总体上反映抵质押风险的严重程度。

表 6-4　2008 年法人客户主要押品抵质押缺口原因统计[①]

序号	原因	房地产	土地	机器设备	流动资产	收费权	合计
1	市场波动	35	13	39	20	23	140
2	合法有效性不足	10	7	5	0	48	71
3	历史遗留	—	—	—	—	—	—
4	保障不足值	—	—	—	—	—	—
5	押品灭失	—	—	—	—	—	—
6	其他	80	—	—	40	—	—
7	统计误差原因	—	—	—	—	—	—
合　计		80	40	—	—	—	400

上述分析说明，当前该行押品抵质押缺口与中国经济发展现状密切相关。由于中国经济高速发展，抵押品价值波动加大，市场价值的变化对各类型押品抵质押缺口的形成均有较大影响；而由于中国市场经济法律体系尚待完善，各项法规在实施过程中仍存在矛盾（如房、地分别抵押等），尤其是对债权人的保护尚显不足，这在房地产、土地使用权类押品抵质押缺口的形成中表现最为突出；国有经济体制及信贷管理体制改革过程中形成的部分历史遗留问题，也是导致抵质押缺口的重要原因，这在房地产、机器设备类押品中表现得较为明显；因涉及国家各项收费政策、各级政府主要财政投融资体制以及相关法律尚不明确等原因，部分收费权类押品只能作为一种贷款保障措施，由此也形成了有关收费权类押品的抵质押缺口。

第三节　中国商业银行抵押价值风险测度

一、贷款损失风险测度

由于无法获得全国房地产抵押贷款数据，本书仍然根据对 A 银行

① 出于商业机密部分数据省略。

的调研情况来估计全国的贷款损失风险。据调查，该行房地产、土地使用权类押品剩余担保价值为8000亿元（以抵押率中间值60%匡算，指按LTV计算的可贷金额与实际贷款金额的差额），占两类抵押品全部内评价值的45%，具体见表6－5。

表6－5　房地产类抵质押融资及担保能力变化情况

单位：亿元

押品种类		评估价值	超额担保能力
		年末	年末
房地产	居住用房	849	193
	办公用房	893	226
	商业用房	3584	977
	工业用房	4125	913
	房屋构筑物、地上附着物	287	61
	其他用房	2262	608
	小计	11999	2978
土地使用权	居住用地	4758	1059
	工业用地	1792	382
	商业用地	1841	454
	办公用地	99	36
	其他用地	920	193
	小计	9411	2125
合　计		21409	5102

根据以上数据及其他调研所得相关指标，本书对房地产价格调整下该行房地产类押品抵质押缺口的影响进行压力测试。据调研，实际抵押率接近一般规定的抵押率上限（50%～70%）的房产、土地类抵质押融资约占全部房地产抵押融资的22%，约占全部抵质押融资总量的10%，这部分融资对市场风险的承受能力较弱。其中，实际抵押率为60%～70%的融资余额占比约60%。如果分别以实际抵押率中间值估算，当房地产价值下降10%时，将大约出现抵质押缺口值30亿元；价

值下降20%时，将大约出现抵质押缺口值150亿元；假设出现极端情况，房地产价值下降50%时，抵质押缺口值约650亿元。

表6-6　A银行房地产价格调整下房地产类押品抵质押缺口预测

单位：亿元

指标项	按房地产抵押率分布（下界含）		
	50%~60%	60%~70%	小计
贷款余额	550	1000	1550
评估价值（分别取中间折率）	1100	1600	2700
降价10%时缺口值	—	30	30
降价20%时缺口值	—	150	150
降价30%时缺口值	60	240	300
降价40%时缺口值	80	300	280
降价50%时缺口值	200	450	650

由于房地产开发贷款的信用风险问题已在第三章单独讨论，在讨论抵押价值下跌风险时，应将开发贷款对应的贷款予以剔除。由于房地产开发贷款均为抵押贷款，经计算，非房地产开发贷款的抵押贷款占全部抵押贷款的比例约为75%，得到剔除房地产开发贷款后的抵质押缺口预测见表6-7。

表6-7　剔除房地产开发贷款后A银行房地产类押品抵质押缺口预测

单位：亿元

指标项	按房地产抵押率分布（下界含）		
	50%~60%	60%~70%	小计
降价10%时缺口值		23	23
降价20%时缺口值		113	113
降价30%时缺口值	45	180	225
降价40%时缺口值	60	225	210
降价50%时缺口值	150	338	488

假设依据以上结论，同时考虑该行信贷资产的同业占比、资产质量及其与全国平均水平的差异，倒推全国房地产抵押贷款损失风险的总体

水平，可以得到以下结论：如果以实际抵押率中间值估算，当房地产价格下降10%时，将出现抵质押缺口值约125亿元；下降20%时，抵质押缺口值约600亿元；假设出现极端情况，下降50%时，抵质押缺口值约2700亿元。

表6－8　剔除房地产开发贷款后中国银行业房地产类押品抵质押缺口预测

单位：亿元

指标项	按房地产抵押率分布（下界含）		
	50%～60%	60%～70%	小计
降价10%时缺口值	0	125	125
降价20%时缺口值	0	600	600
降价30%时缺口值	250	1000	1250
降价40%时缺口值	350	1200	1550
降价50%时缺口值	800	1900	2700

同时，研究发现，随着房地产价格下跌，抵押缺口值呈现加速上升的态势，如图6－3所示。

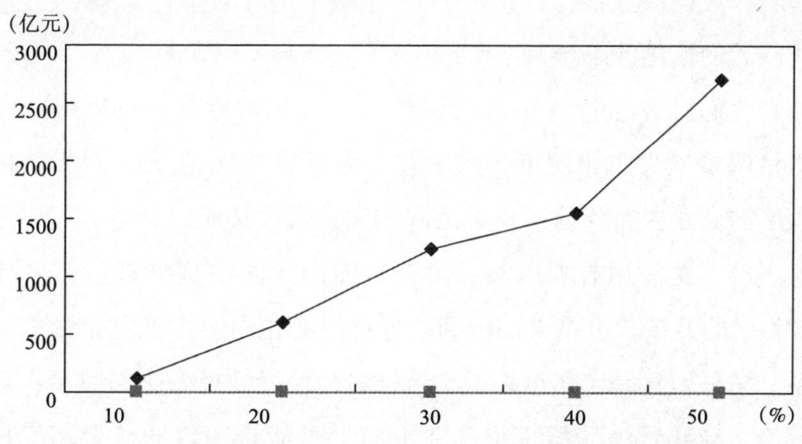

图6－3　中国银行业房地产价格下降幅度与抵押缺口值对照图

二、信用收缩风险测度

信用收缩风险产生的原因有两类，一是抵押价值下降导致可贷资金减少，二是商业银行的资产充足率约束导致可贷资金减少。

为计算第一类信用收缩风险，本书作一假设，即借款主体没有增量可抵押资产，如果以70%作为商业银行的标准抵押率，那么实际抵押率在49%以下的抵押贷款是不会受到抵押价值下降影响的。对于实际抵押率在50%到100%之间的贷款，由于很难得到所有抵押率细分的贷款金额，我们根据50~100的中间值，取75%作为抵押贷款的平均抵押率。信用收缩额度的计算公式如下：

设目前的抵押物评估价值为X，房地产价格调整值为30%，70%作为商业银行的标准抵押率，则实际抵押率为75%的信用收缩金额计算如下：

信用收缩金额$=X\times75\%-X\times70\%\times70\%=X\times26\%$

同时，假设商业银行有5%的抵押贷款存在抵押缺口，则：

调整后的信用收缩金额$=X\times26\%\times95\%\approx X\times25\%$

结合我们对A银行的调研及该银行的市场占有率，可以得到在房地产价格调整30%的情况下，信用收缩金额约1100亿元。对于信用收缩的程度与商业银行整体不良率之间的关系目前还难以计量。

对于第二类信用收缩风险，由于目前尚无法得到抵押价值变化与PD和LGD的关系，也就无法得到抵押价值变化与资本充足率的直接数量关系。另外，从一定角度来说，抵押物价值导致可贷金额减少，与抵押物价值下降导致违约概率提高在本质上可能是一致的或者高度相近的，只是其中直接的数据关系难以测算，因此我们以“房地产价格调整30%的情况下，信用收缩金额约1100亿元”作为本书的测算结果。出于同样的原因，由于很难得到所有抵押率细分的贷款金额，不再对房地产价格的其他调整水平进行测算。从另一角度来讲，30%的价格调整水平预期也是比较合理的。

与开发贷款和个人住房贷款不同，抵押价值风险（包括贷款损失风险和信用收缩风险）不是某一行业的贷款风险，而是覆盖面极广的，几乎涉及所有行业的贷款风险，因此要研究抵押价值风险可能要研究几乎所有行业的信用风险状况。所以，笔者认为，其实质上是一类宏观风险或者说整体风险，属于宏观风险与信用风险的关系问题，因为一般情况下经济的衰退或不景气常常伴随着信用的收缩，这也是本章不再对信用收缩风险进行单独测度的原因，相关内容在第九章宏观压力测试中一并分析探讨。

第四节　本章小结

抵押价值的变动将导致商业银行信用风险的变化，此类风险包括贷款损失风险和信用收缩风险。对贷款损失风险，如果以实际抵押率中间值估算，当房地产价格下降10%时，将出现抵质押缺口值约125亿元；下降20%时，抵质押缺口值约600亿元；假设出现极端情况，下降50%时，抵质押缺口值约2700亿元；对于信用收缩风险，当房地产价格调整30%时，信用收缩金额约1100亿元。

第七章

房地产业与国民经济及其各行业之间的关系

国民经济中的各个行业是相互关系的，如果一个行业信用风险增加的原因是该行业陷入衰退，那么该行业的衰退必然引起紧密相关行业的不景气，并导致相关行业的信用风险出现增加。因此，深入研究行业之间及行业与国民经济之间的信用风险传导问题，将构成本书第七~第八章的主要内容。本章重点研究房地产业与国民经济及各部门（也称各行业）间的关系，为第八章的信用风险分析奠定基础。

中国房地产业在国民经济分类中作为一个独立的产业出现以后，国内学者围绕房地产商品和房地产行业的研究日益增多，综合所有的成果发现，有一个基础性的问题争议不断，那就是中国房地产业在国民经济中的地位问题。本书意在对此问题进行探讨，并认为可以从以下四个方面进行考察：一是房地产业对国民经济总量的贡献；二是房地产业对关联行业的影响；三是地方政府财政收入对房地产业的依赖；四是房地产业在国家宏观调控中的作用。本章没有将房地产业对金融行业的影响作为研究对象，是因为笔者认为是房地产业的地位决定了其对金融行业的影响，而不是因为其对金融行业的影响提高了自身的地位。另外，本章不包括对房地产业目前的投资规模及房价的合理性判断，仅对房地产业在国民经济中的地位作客观分析和计量。

第一节　房地产业对GDP贡献的测度

一、第一种思路：增加值角度

国内相当一部分学者如杨朝军（2006）、印堃华（2002）等，将房地产行业的增加值作为衡量其发展水平及地位的主要指标。根据《中国统计年鉴（2008）》的相关数据，本书对1978年至2007年中国房地产业增加值占GDP的比重进行了统计整理，如图7－1所示。

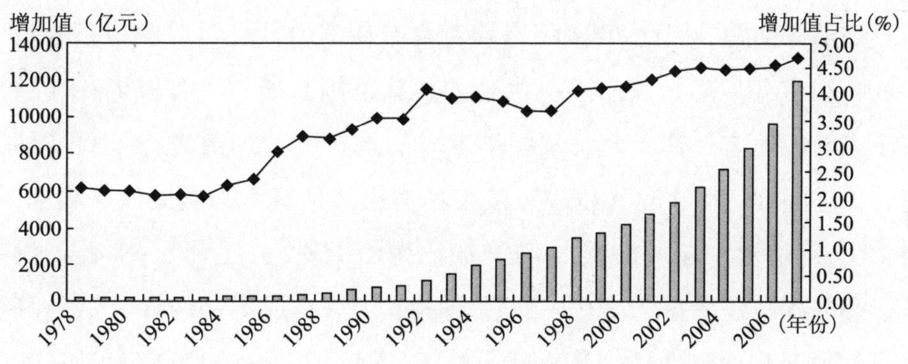

图7－1　1978—2007年房地产增加值及占GDP比例

2007年中国房地产业增加值占GDP的比例达到了4.75%的历史高位；另据史东辉（2008）的统计，房地产业增加值对GDP的贡献在2005年超过了所有工业行业。因此，从增加值角度，房地产业近年来的快速发展是可以得到充分确认的，但4.75%的占比似乎与“支柱”地位尚有一些距离。

二、第二种思路：修正后的增加值角度

另外一些学者的研究则相对深入，认为目前中国公布的房地产业增

加值存在明显的低估，如：对于除房地产开发经营企业外的其他各种类型单位及城乡居民以盈利为目的房屋出租活动，由于资料不完整而无法统计其增加值；对于地市房地产管理部门提供的居民住房服务，则由于按低租金计算总产出而导致增加值偏低；对于企业、事业、行政单位向本单位职工及其家庭提供的住房服务，则是作为该企业、事业、行政单位所属行业的产出，没有计入房地产增加值。事实上，中国目前的核算制度基本采用联合国 SNA 相关规定，对房地产的处理与国际标准基本是一致的，即将房地产（包括住宅）作为支出法中固定资本的形成部分，将房租计入最终消费。但是，中国经历了较长时间的福利分房制度，在现阶段又存在租赁市场不发达（未形成公允市场价格）、统计资料不完整等问题，因此 2004 年以前对自有住房的计算是以虚拟租金代替的；2004 年以后，虽然虚拟租金的核算范围有所扩大，但仍存在很多不完善的地方。基于此，一些学者对房地产业增加值进行了重新估算，如许宪春、李文政（1999）按市场房租法估算城镇居民住房服务，将 1996 年房地产业增加值占 GDP 的比例由 1.7% 修正为 6.4%；刘洪玉、郑思齐、许宪春（2003）通过采用市场法和成本法两种方法的算术平均值对房地产业增加值进行了修正，得到 1996—2000 年房地产业增加值占 GDP 的比重平均为 6.1%，较当时 1.8% 的比重上升较多。但这是否就能完全反映房地产业对国民经济的贡献了呢？

三、第三种思路：支出法 GDP 核算的角度

笔者认为，一个行业对国民经济的贡献包括“行业增加值”和“行业整合能力”两部分，单纯用增加值分析房地产业对 GDP 的贡献存在较大缺陷。“行业整合能力”是笔者自定义的概念，指整合其他行业的产品得到可售最终产品的能力。

按照现行的国民经济核算方法，增加值 = 劳动报酬 + 生产税净额 +

固定资产折旧+营业盈余，是一个行业新创造的价值，代表的是增量，而不是总量。笔者认为，如果一个行业的增加值出现增长，增加部分理解为对 GDP 增长的贡献是没有问题的，但仅增加量是不能代表一个行业对 GDP 的整体贡献的。这种观点似乎与传统思维方式相悖，因为就 GDP 的核算方法来讲，收入法、生产法和支出法本质上是一致的，一个行业包含的除自身增加值以外的价值应该是由其上游产业创造的，但传统思维方式忽略了一个问题，那就是如果没有最终产品实现销售，其上游各环节的增加值是没有机会实现的。延伸这个逻辑，只要一个行业的产品能够持续地实现销售，即使该行业的增加值较小（极端假设情况，如总体盈利能力下降甚至在某一年度出现巨大亏损，相应劳动报酬和生产税净额也出现大幅下降），仍然可以带动其上游各产业实现对经济增长的贡献，房地产恰恰属于这一类行业。比如在中国，假设由于各种原因国民经济出现下滑，且钢铁、水泥等行业均处于过剩状态，如果国家能够采取措施促进房地产业的投资，进而实现房地产最终商品的销售，则可以将本已过剩的钢铁、水泥行业的产能转化为 GDP 的增加，但同时却并不一定意味着房地产业的增加值会出现同步或者同比例增加。之所以房地产业可以承担这个职能，是因为房地产（尤其是住宅）同时具备必需品和投资品的特征：只要价格上涨预期存在（或者短期内比较强烈），刚性需求者和投资者就会持续、迅速地进入市场，而无论最终产权人拥有几套住房，也无论“多余”的住房是空置还是出租，只要房地产实现了销售，就可以计入 GDP 的增长（从核算的角度，房地产开发商账面上未售出的存货也是计入 GDP 的）。因此，仅从增加值角度是不能完全反映房地产业对经济增长的贡献的。

而支出法 GDP 核算可以从最终使用的角度研究各行业对 GDP 的贡献，因此可以很好地规避增加值方法只考虑增量不考虑“行业整合作用”的缺陷。按照支出法的定义，GDP 分解为最终消费支出、资本形成总额、货物和服务净出口三部分，对于房地产业，货物和服务的净出口部分基本可以不予考虑；最终消费中房地产业相关数据可以直接从统计年鉴获得；但资本形成中房地产业相关数据无法通过公开渠道获得。笔者通过比较“全社会固定资产投资”与支出法“资本形成总额”数据发现，两者在2005年前基本可以相互替代，在2006年后差距有所扩大（表7-1至表7-5均根据国家统计局出版的《中国统计年鉴》相关数据整理获得）。

表7-1　2003—2007年资本形成总额与固定资产投资额比较

单位：亿元

年份	资本形成总额	固定资产投资额	差额	误差率（%）
2003	55963	55567	-396	-0.71
2004	69168	70477	1309	1.89
2005	80646	88774	8128	10.08
2006	94402	109998	15596	16.52
2007	111417	137324	25907	23.25

注：误差率=差额/资本形成总额。

本书分析的重点是“占比”而不是“绝对数”，退而求其次，本书以房地产投资占固定资产投资的比例作为资本形成总额中房地产业占比的近似值，并据以计算资本形成总额中房地产分项数据①，如表7-2所示。

表7-2　2003—2007年房地产业相关资本形成推算

年份	2003	2004	2005	2006	2007
房地产投资（亿元）	13143	16679	19505	24524	32439
占固定资产投资的比例（%）	23.65	23.67	21.97	22.3	23.62
资本形成推算（亿元）	13237	16369	17719	21047	26319

① 另外，按现行统计制度，土地购置费不属于资本形成，国家统计局综合司课题组（2005）研究了扣除土地购置费后房地产开发投资占资本形成的比重，得到1997—2004年房地产开发投资占资本形成的比重由11.7%上升为17.2%。由于土地购置费用数据较难获得，本节不再对该因素进行扣除。

根据支出法原理，本书整理了房地产相关最终消费数据如表 7－3 所示，房地产行业对 GDP 的总体贡献如表 7－4 所示。

表 7－3　2004—2007 年居住类支出与最终消费的关系

单位：亿元

年份	2004	2005	2006	2007
农村居民居住类支出	2840	3364	3835	4368
城镇居民居住类支出	6749	7765	9101	10433
两项合计	9589	11129	12936	14801
支出法 GDP 中最终消费金额	87032	97823	110595	128445
两项合计占最终消费的比例（%）	11.02	11.38	11.70	11.52

表 7－4　2004—2007 年房地产行业对 GDP 的贡献

单位：亿元

年份	2004	2005	2006	2007
房地产相关资本形成	16369	17719	21047	26319
房地产相关最终消费	9589	11129	12936	14801
两项合计	26268	30634	37460	47240
支出法 GDP 总量	160280	188692	221651	263243
两项合计占 GDP 的比例（%）	16.20	15.29	15.33	15.62

由表 7－4 数据可知，房地产行业对 GDP 的贡献近几年一直稳定在 15% 以上，即使不再考虑上述统计和计算方法的漏出项，房地产行业已成为国民经济的绝对支柱产业。同时，根据国家统计局最新公布的数据，2009 年中国最终消费对 GDP 的拉动为 4.6 个百分点，对 GDP 的贡献率达 52.5%；资本形成对 GDP 的拉动为 8.0 个百分点、对 GDP 的贡献率为 92.3%（资本形成总额不完全是固定资产投资，还包括库存）；净出口对 GDP 的拉动为－3.9 个百分点，净出口对 GDP 的贡献率为－44.8%。据此估计，中国目前房地产对 GDP 的贡献在 20% 左右①，同时其对 GDP 增长的贡献在 1.5～2 个百分点。另外，由于经济发展的

① 巴曙松认为 2009 年房地产开发投资一项占 GDP 的比例就达到 20%［EB/OL］. http://www.wolai.com/news/2010－01－08/.

不平衡性，中国各地区（部分）房地产业对GDP的贡献呈献不同特征，由于数据来源的限制，本书仅简单计算了房地产业投资占GDP的比率，如表7-5所示。

表7-5　2004—2007年房地产行业对GDP的贡献

单位：亿元

排序	地区	GDP总额	房地产投资	房地产投资占比（%）	排序	地区	GDP总额	房地产投资	房地产投资占比（%）
1	北京	3907	2101	53.78	17	贵州	1489	335	22.50
2	上海	4420	1457	32.96	18	河南	8010	1802	22.50
3	广东	9294	3044	32.75	19	湖北	4330	910	21.02
4	重庆	3128	997	31.87	20	宁夏	600	113	18.83
5	福建	4288	1269	29.59	21	山东	12538	2342	18.68
6	海南	502	144	28.69	22	江西	3302	616	18.66
7	四川	5640	1573	27.89	23	吉林	3651	664	18.19
8	浙江	8420	2222	26.39	24	河北	6885	1226	17.81
9	湖南	4155	1080	25.99	25	陕西	3415	605	17.72
10	安徽	5088	1318	25.90	26	黑龙江	2834	496	17.50
11	江苏	12268	2963	24.15	27	山西	2862	477	16.67
12	西藏	270	63	23.33	28	甘肃	1304	188	14.42
13	广西	2940	685	23.30	29	新疆	1851	258	13.94
14	云南	2759	637	23.09	30	内蒙古	4373	571	13.06
15	辽宁	7435	1701	22.88	31	青海	483	45	9.32
16	天津	2353	536	22.78					

由此可见，仅房地产投资一项占GDP的比例超过20%的有19个（占61%），其中北京市达到53.78%。至此，按照支出法国民生产总值的思路，我们更加清楚地看到了房地产行业对GDP真正的贡献水平，相对其他行业，房地产业对国民经济的贡献具有量上的绝对优势，房地产对国民经济属于明显的强“拉动作用”行业。同时，由于中国人口众多，城镇化的广度和深度尚显不足，未来房地产业仍有较大的发展空间，其对GDP的贡献也将在相当长时间内维持一个较高水平。

第二节　房地产业对关联行业的影响

一、房地产业属弱“带动作用”行业

与大多数学者或主流的观点不同，本书将证明：房地产行业为弱带动作用行业。

行业带动作用或者说行业关联度的研究是有成熟范式的，即投入产出分析法。根据通用教科书的相关理论，一个产业影响其他产业的程度称为影响力，其反映国民经济某一部门增加一个单位最终使用时，对国民经济其他部门所产生的需求涉及程度，计算公式如下：

$$F_j = \frac{\frac{1}{n}\sum_{i=1}^{n} b_{ij}}{\frac{1}{n^2}\sum\sum b_{ij}}，(j=1，2，\cdots，n) \qquad (7-1)$$

其中 b_{ij}是第 j 部门的完全消耗系数，当某一部门影响力系数大于（小于）1 时，表示该部门的生产对其他部门所产生的涉及影响程度高于（低于）社会平均影响水平，影响力系数越大，该部门对其他部门的拉动作用越大。

某一产业受其他产业的影响叫作感应度，其反映当国民经济各个部门均增加一个单位最终使用时，某一部门由此受到的需求感应程度，也就是该部门为其他部门的生产而提供的产出量，其计算公式与式（7－1）相似，只是将其中的完全消耗系数替换为完全分配系数。

一般来说，影响力系数与感应度系数之和称为行业的带动系数。

王国军、刘水杏（2004）通过对中国 1997 年 40×40 投入产出表的计算，得到房地产行业带动系数为 1.416，并得出“房地产行业带动作用明显”的结论，该论文发表于《经济研究》，其结论对业界产生了广泛的影响。但是该文在得到房地产行业带动系数为 1.416 的同时，并没有与其他行业带动系数进行计算和比较，仅由1.416这个数据就得到“带动作用明显”的结论在逻辑上是有待商榷的。中国投入产出学会课题组（2006）根据中国2002年投入产出表进行了进一步研究，得到我国42个部门2002年行业带动系数排名见表7-6（节选）：

表7-6　2002年各行业部门影响力、感应度和带动系数

	影响力系数	感应度系数	带动系数	带动系数排名
金属矿采选业	0.975729	2.140346	3.116075	1
石油和天然气开采业	0.691827	2.153738	2.845565	2
金属冶炼及压延加工业	1.174833	1.467899	2.642732	3
化学工业	1.174847	1.420244	2.595091	4
中间29个行业省略				
建筑业	1.201123	0.412249	1.613372	34
农业	0.784925	0.79417	1.579095	35
科学研究业	1.006903	0.568842	1.575745	36
综合技术服务业	0.818829	0.742646	1.561475	37
卫生社会保障和社会福利业	0.956884	0.437635	1.394519	38
旅游业	0.818691	0.471332	1.290023	39
房地产业	0.656874	0.57761	1.234484	40
公共管理和社会组织	0.867672	0.365294	1.232966	41
教育事业	0.796345	0.428055	1.2244	42

房地产业的影响力系数列第41位（倒数第二），感应度系数列第35位，总带动系数列第40位（倒数第三）。闫永涛、冯长春和宋增文（2007）则使用与王国军、刘水杏（2004）相同的样本（1997年投入产出表），对1997年各行业的带动系数进行了测算，同样得到房地产行业带动系数为1.416，但排名后发现，房地产行业列所有40个部门最后一名。因此，1997年和2002年的投入产出表均证明，房地产行业的带动作用是非常弱的，而且带动系数不增反降，由1.416下降为1.234。另外，很多学者将1.416的含义解读为“房地产投资每增加1个单位的投入，国民经济将实现1.416单位增长”，这是更加错误的，因为只要

对带动作用系数的计算方法稍加分析就可以发现，该数据仅仅是某个行业与全社会所有行业带动作用平均水平的比较值（而且是影响力系数与感应度系数之和），并非线性关系值。①

二、带动作用与拉动作用逻辑辨析

我们似乎得到一个相互矛盾的结论，即强“拉动作用”与弱“带动作用”并存。笔者认为，产生上述矛盾的原因在于没有理解“拉动作用”与“带动作用”的本质，因为对国民经济贡献大的行业≠对其他行业带动作用强的行业。

由于“拉动作用”指对国民经济的贡献，这个概念不再解释。而认真分析一下投入产出表四个象限间的关系，及完全消耗系数和完全分配系数的计算理念可以发现，影响力系数和感应度系数（两者之和为带动系数）体现的是各产业间消耗与被消耗（即中间投入问题）的关系，是局限于投入产出表第一象限的各元素间关系的计算，并没有涉及第二象限即最终使用部分和第三象限即增加值部分。按照现行的国民经济核算体系，房地产业的产成品（如住宅、厂房等）被居民、企业购买的部分，以至没有出售的存货都属于支出法 GDP 中的资本形成部分，且这个比例较大，相应价值并没有在投入产出表第一象限中得到体现。也就是说，在投入产出分析框架中，带动作用系数的含义是有严格界定的，这个系数与一个行业对国民经济的拉动是有严格区分的两个概念；完全以第一象限为基础的带动作用系数，仅反映了与中间投入相关的房地产行业与其他行业的关系，并没有完全反映整个房地产行业对国民经济的影响，由于房地产业固有的特征，以上述方法计算得到的带动作用系数较小是正常的，由此说明房地产业的带动作用小也是合理的；当然，

① 国务院 2003 年发布的《国务院关于促进房地产市场持续健康发展的通知》也有“房地产业关联度高，带动力强”的定位，笔者认为这都是不严谨的。

由于字面意思上的相似性，对以上两个概念产生误会也是可以理解的。

第三节　房地产业对政府财政收入的贡献

中国实施分税制改革后，地方政府财政收入的来源大大减少，但事权却没有相应减少，地方政府财政压力逐年加大。在税基规模、分成比例、增长制约等多重约束的制约下，地方政府逐渐将财政收入的增长点投向房地产业（具体来说应该是房产 + 地产），并逐渐演化为土地出让金唱主角的格局。中国向国有土地使用者征费开始于 1987 年，1988 年实施的《中华人民共和国城镇土地使用税暂行条例》开始将土地使用费改为土地使用税，中央和地方五五分成；由于地方政府少交、瞒交现象比较严重，1989 年国务院出台《关于加强国有土地使用权有偿出让收入管理的通知》，规定土地使用权有偿出让的收入 40% 上交中央财政、60% 留归地方财政，两个月后，中央提取比例降至 32%；由于地方政府隐瞒该项收入的现象依然严重，1992 年下半年财政部出台《关于国有土地使用权有偿使用收入征收管理的暂行办法》，第一次将土地使用权所得称为“土地出让金”，并将中央分成调减为 5%；1994 年分税制改革后，土地出让金作为地方财政的固定收入不再上交中央，成为地方政府的“第二财政”。[①] 陈莉莉（2009）对中国 1987—2006 年 20 年间土地出让金与地方政府财政收入的关系进行了研究，得出的数据见表 7 - 7。

表 7 - 7　1987—2006 年地方政府土地财政收入占地方总预算收入比重

单位：亿元

年份	土地出让金收入	土地相关税收收入	土地性财政收入	地方预算内外总收入	土地财政占比（%）
1987	0.35	1.85	2.20	2633.83	0.08

① 赵沛楠．“土地财政”困局待解［J］．中国投资，2009（3）：78 - 81.

续表

年份	土地出让金收入	土地相关税收收入	土地性财政收入	地方预算内外总收入	土地财政占比（%）
1988	4.16	21.84	26.00	3036.10	0.86
1989	4.47	17.88	22.35	3428.93	0.65
1990	12.54	15.75	28.29	3580.04	0.79
1991	101.87	35.49	137.36	4073.43	3.37
1992	500.00	47.98	547.98	4651.05	11.78
1993	511.16	50.70	561.86	4578.08	12.27
1994	649.70	141.09	790.79	3890.81	20.32
1995	388.06	168.40	556.46	5074.51	10.97
1996	349.00	199.10	548.10	6692.60	8.19
1997	428.35	235.23	663.58	7105.14	9.34
1998	507.70	310.64	818.34	7902.09	10.36
1999	514.33	378.39	892.72	8749.59	10.20
2000	595.58	449.30	1044.88	9984.85	10.46
2001	1295.89	500.51	1796.40	11756.30	15.28
2002	2416.79	676.11	3092.90	12554.00	24.64
2003	5421.31	900.75	6322.06	14037.41	45.04
2004	6412.18	1171.78	7583.96	16241.86	46.69
2005	5505.15	1590.29	7095.44	20242.34	35.05
2006	7676.89	924.03	8600.92	23048.615	37.32

资料来源：陈志勇，陈莉莉．财政体制与地方政府财政行为探讨［J］．中南财经政法大学学报，2009（2）：42－47.

从表7－7可以看出，从全国整体来看，不包括房产相关的税收和非税财政收入，仅土地出让金和土地相关税收两项在2006年占地方财政收入的比例已达到37.32%，成为地方政府最主要的收入来源。同时，由于现有制度对征税的约束远远多于对征地的约束，且土地出让金相对于培育税基更加体现既得利益，地方政府显然更加偏爱通过土地出让金的增加快速获得财政收入。对于部分发达省市，对土地财政的严重依赖现象更加突出，吴灿燕、陈多长（2009）经过对浙江省土地财政现象的研究，得到如下数据：

表7-8　2000—2007年浙江省土地出让金及地方财政收入情况

单位：亿元

年份	土地出让金	地方财政收入	土地出让金占地方财政收入的比重(%)	土地纯收益	房地产业税收	土地直接税收	土地收入占地方财政收入的比重(%)
2000	191.60	342.76	55.90	—	—	16.62	—
2001	159.45	500.69	31.85	—	34.75	26.35	—
2002	462.00	643.70	71.77	—	—	44.86	—
2003	830.60	706.56	117.56	159.79	7.66	72.35	33.94
2004	—	805.89	—	135.55	125.67	90.76	43.68
2005	806.40	1066.60	75.60	180.15	149.89	103.59	40.66
2006	935.90	1298.20	72.09	199.04	179.89	121.14	38.52
2007	1442.17	1649.50	87.43	341.11	252.03	176.39	46.65

资料来源：吴灿燕，陈多长．浙江省土地财政问题实证研究［J］．财经论丛，2009（3）：34-40.

结果显示，浙江省财政对土地财政的依赖已接近50%。另外，从广义上说，土地财政包括四个部分，即土地出让净收益（土地出让金减去相关费用）、土地相关税收、房地产相关税收和以土地、房地产为抵押的银行借款（这部分不属于财政收入，但却成为财政资金的重要补充）。而且，根据行业关联的思想，即使以上四个部分全部计算在内，仍没有考虑关联产业带来的财政收入。因此，房地产业在成为国民经济支柱产业的同时，亦成为地方政府财政收入的绝对支柱，并且短期内很难出现实质性的改变。

第四节　房地产业与政府宏观调控

与一般商品不同，房地产商品同时具备必需品和投资品的特征，并由此决定了其具备较强的政策敏感性，可以作为很好的实施宏观调控的渠道。以政府拉动房地产投资实现经济增长为例，由于房地产（尤其是住宅）属于必需品，如果出现较强烈的价格上涨预期，刚性需求者（此处主要指中低收入者）在一定程度上将倾其所有购买住宅；同时，由于房地产亦属于投资品，强烈的价格上涨预期将极大刺激投资者（此处主要指中高收入者）迅速进入房地产市场。政府通过房地产业调控宏观经济的逻辑可以通过图 7－2 得以解释。

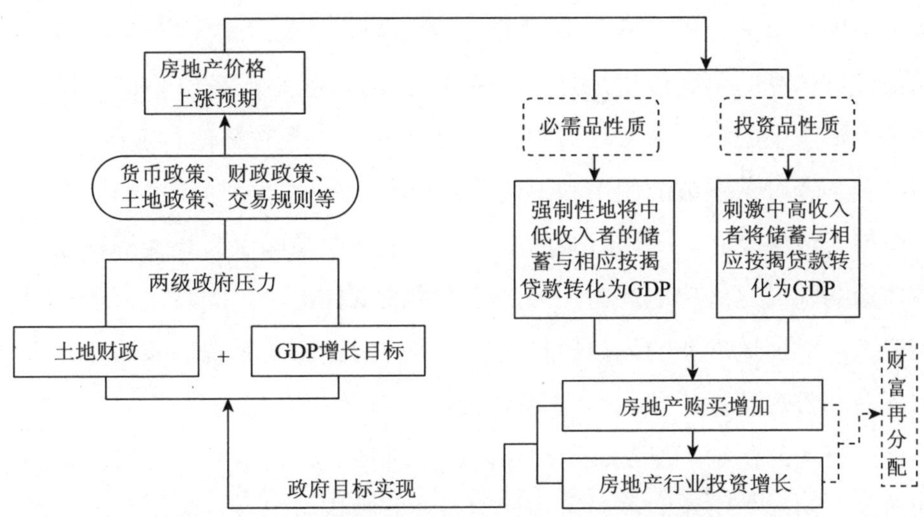

图 7－2　房地产调控与宏观经济调控之间的关系

也就是说，如果出现经济下滑，由于房地产业在产值上具备量的优势，在中央政府保增长压力、地方政府 GDP 考核指标压力和地方政府财政收入压力的共同作用下，各级政府采取措施促成房地产价上涨预期几乎是必然的。价格上涨预期一旦形成，将迅速地促使不同收入水平的最终购买者进入房地产市场，从而将其储蓄和相应银行贷款转化为 GDP，实现经济增长，并相应实现地方财政收入的增加。由于房地产行业对货币政策（如利率、首付比例）和财政政策（如所得税、增值税）极其敏感，政府当局可以通过较低的操作成本和较成熟的调控手段实现对宏观经济的较快调控。

第五节　本章小结

综上论述我们发现，中国房地产业属于强“拉动作用”、弱“带动作用”行业，并非通常所认为的关联度高、带动力强的行业；一个行业对国民经济的贡献包括“行业增加值”和“行业整合能力”两部分，单纯用增加值法分析房地产业对 GDP 的贡献存在较大缺陷，从支出法国民经济核算的角度分析房地产业对 GDP 的贡献是比较科学的；投入产出分析法中的带动系数法可以用来分析房地产业对其他行业的影响，但诸多学者对该系数的使用和解读是错误的；房地产业对国民经济增长的贡献、地方政府对土地财政的依赖及房地产业在国家宏观经济调控中的作用共同决定了房地产业在国民经济中的支柱地位。同时，由于中国国民经济对房地产业的依赖性较强，在特殊时期，政府有足够的动力运用所有的宏观调控手段（如货币政策、财政政策甚至行政指令）维护房地产市场的稳定。但是，当宏观调控出现两难，购房者信心出现动摇的时候，房地产市场的走势可能就不是政府政策可以左右的了。近几年中国房地产对 GDP 的贡献一直在 15% 左右，根据 2009 年的最新统计数据，中国房地产对 GDP 的贡献在 20% 左右，同时其对 GDP 增长率的贡献在 1.5 ~2 个百分点，房地产业在国民经济中的地位迅速提高的同时也意味着风险的迅速积聚。

| 第八章 |

基于房地产价格调整的信用风险宏观压力测试

本章在第七章对房地产业的地位及影响进行分析的基础上，按照房地产行业影响国民经济、国民经济与银行业资产质量密切相关这个逻辑，探讨房地产价格调整导致行业不景气的压力情景下，中国商业银行总体信用风险的变化情况。技术路线为以贷款违约率作为评估银行系统信用风险的指标，使用 Logit 模型将贷款违约率转化为综合指标，以综合指标作为因变量与宏观经济因素进行多元线性回归分析，通过假设情境法进行宏观压力测试，定量分析房地产行业波动从而导致宏观经济因素波动对中国银行体系贷款违约率的影响。

第一节　技术路线的确定

房地产业对中国 GDP 的贡献较大，影响亦较大，因此如果房地产行业出现周期性拐点，很可能导致中国宏观经济出现拐点，房地产行业的衰退可能意味着经济增长的明显放缓。当经济处于衰退期时，商业银行贷款的违约概率和违约损失率将明显增加，这个逻辑已被学者所证明，如 Frye（2000）使用穆迪数据的研究表明，经济衰退期的回收率大约低于扩张期时的 1/3；TilSch Hermann（2003）的研究发现商业周期对回收率有较大的影响，衰退期回收率均值为 27.85%，扩张期回收率均值为 43.1%；Ahman 和 Brady（2001b）证明，在 1990 年和 2000 年的经济衰退时期，所有债券的加权平均回收率是最低的（低于 30%），在其他年份，回收率超过 30%。本书是否需要研究当房地产周期出现拐点时，除房地产行业相关贷款以外，中国商业银行信用风险防范问题呢？

能够对上述问题进行求解当然是好的，但这个问题的解决其实并不容易。首先，根据一般的思维逻辑，笔者试图从行业关联的角度解决这个问题，技术路线是根据各行业间的关联系数，由房地产行业的衰退计算其对房地产行业的前向关联行业的影响，然后将这些行业受到的影响相加，得到房地产行业对国民经济各行业的影响。以建筑业为例，房地产行业的衰退将引起建筑行业收入来源减少，由于建筑行业本身负债率较高，且存在经常性的向开发企业的垫付行为，房地产行业的周期性波动对建筑业的影响是显而易见的，因此建筑业是首先要关注的行业。假设可以得到房地产行业的周期性变化对建筑行业贷款质量的影响，我们的工作并没有因此结束，因为建筑行业的衰退又会引起其前向关联行业如钢铁、水泥等行业的影响，如此循环下去，何时是终点呢？显然这个思路是有问题的，它可以解决的是房地产直接前向关联行业的信用风险问题，不能解决对所有行业的影响问题。因此，我寻找第二种思路。第一种思路的一个自然的推论是，我们可以按照房地产行业对 GDP 的总体影响来估算房地产行业的衰退对商业银行信用风险的总体影响，技术路线是已知房地产行业与宏观经济总量间的关系，通过计量的方法得到宏观经济总量与商业银行信用风险间的关系，从而得到本书想要的答案。但是，这个思路仍然存在一个很难解决的问题，那就是选择的中间变量 GDP 的量与质的关系问题。由于我们一般只通过计量结果得到 GDP 总量的变化与商业银行总体信用风险间的关系，但没有考虑这个

GDP 变化的结构问题和路径问题，或者说简单地认为不同的原因引起的 GDP 总量的变化都将导致商业银行信用风险面临相同的结果，这显然是不合适的。比如，房地产行业的衰退和出口部门的衰退对国民经济各部门的影响显然是不同的，这种不同无法仅通过宏观中介指标（尤其是 GDP 相关指标）得以体现，因此仅从房地产行业的衰退得到宏观经济的衰退，再得到商业银行总体信用风险的变化，这种思路看似合理，其实是有偏差的。

本书的初衷除了对房地产行业的风险管理做理论上的探讨以外，同时希望对“房地产倒了银行也会倒”这个甚为流行的命题进行验证，因此仅仅对与房地产行业直接相关的贷款进行风险估算显得不够充分。综上，笔者最终决定在不考虑 GDP 变化结构的前提下，按照房地产行业影响国民经济、国民经济与银行业资产质量密切相关这个逻辑，探讨房地产行业处于下行周期的压力情景下，中国商业银行总体信用风险的变化情况，这个处理方法也可以解决抵押价值风险无法整体计量的问题。同时，由于华晓龙（2009）获得了 1990—2006 年中国商业银行逾期贷款率数据，且整个分析过程比较严谨，计量方法与本书拟采用的方法相同（Logit 模型），本书较多地借鉴了其数据和结论。

第二节　宏观压力测试建模及实证分析

一、宏观压力测试执行框架

宏观压力测试是对微观层面压力测试的有益补充，它不是对微观层面各金融机构受险资产组合进行压力测试的简单加总，而是将各宏观经济冲击变量整合量化为一个宏观因子，将宏观波动因素整合到评估银行信贷风险的模型中，通过压力情境的构建，预测在极端但可能发生的宏观经济变动下对银行系统信贷违约概率的影响，其模型可表示为：

$$Q(\tilde{Y}_{t+1} \mid \tilde{X}_{t+1} \geqslant \tilde{X}) = f(X_t, Z_t) \qquad (8-1)$$

式（8－1）表示在模拟的压力情境下评价金融体系稳定性指标的关系。在宏观压力测试模型中，衡量金融部门波动性的最一般方法是资本的潜在损失率。$Q(\cdot)$ 表示衡量金融系统的风险矩阵，是衡量违约情况的指标（例如贷款损失额），主要通过模拟压力情境下的点估计得到，该条件概率值表示的风险矩阵较容易计算。$f(\cdot)$ 表示损失方程，该方程模拟了宏观经济冲击对金融体系中加总的资产组合的影响关系，可包含风险暴露、违约概率、相关性、回馈效应以及宏观经济变量变动与系统层面金融定性表现的相互关系。压力测试定义中的关键就是对“异常但合理”事件的界定，本书选择情境设定法，根据情境假设下可能的风险因子变动情形，重新评估金融商品或投资组合的价值。根据新加坡、中国台湾地区信用风险压力测试的相关文献，以及世界银行和国际货币基金组织联合开发的 FSAP 手册，一般情况下压力测试的执行程序如图 8－1 所示。

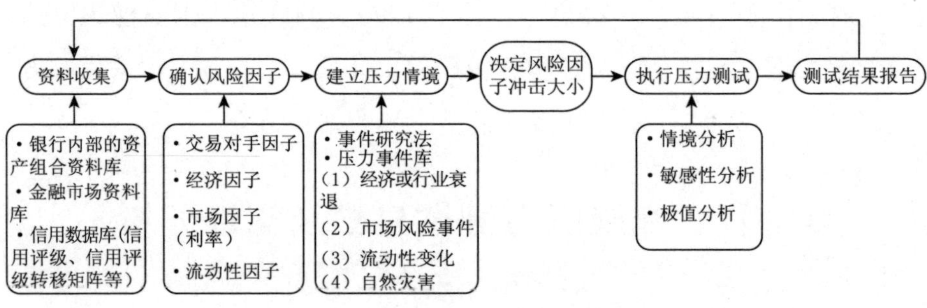

图 8－1 宏观压力测试流程

二、宏观压力测试建模

华晓龙（2009）借鉴 Wilson（1997）、Boss（2003）和 Virolainen（2004）的研究框架，建立适合中国银行系统信用风险评估的宏观压力测试模型。在执行宏观压力测试使用的宏观信贷模型研究领域，有两个流派的模型框架占有举足轻重的地位，分别由 Wilson（1997a，1997b）和 Merton（1974）提出。Wilson（1997a，1997b）对各工业部门违约概率和一系列宏观经济变量的敏感度直接建模，在宏观经济波动冲击下模拟出违约概率值，通过对将来违约率分布路径的模拟，得到资产组合的预期损失。Merton（1974）的模型则加入了股价对宏观经济要素的反应进行建模，然后将资产价格变动整合进违约概率评估模型。相较而言，前一种模型更直观，计算量较小；后一种模型对数据的广度、深度和计算量要求都很高。

按照 Wilson（1997）、Boss（2003）和 Virolainen（2004）研究框架中关于宏观经济因素和贷款违约率之间的非线性关系设定，使用 Logit 模型将贷款违约率转化为宏观综合指标 Y，以指标 Y 作为因变量与宏观经济因素进行多元线性回归分析，以更好地利用各宏观经济指标所提供的信息。

$$y_t = \ln\left(\frac{1-PD_t}{PD_t}\right) \qquad (t=1,\ 2,\ \cdots,\ N) \tag{8-2}$$

$$y_t = \alpha_0 + \alpha_1 X_1 + \cdots + \alpha_{1+m} X_{t-m} + \beta_1 y_{t-1} + \cdots + \beta_n y_{t-n} + \mu_t \tag{8-3}$$

$$X_t = \varphi_0 + \varphi_1 X_{t-1} + \cdots + \varphi_p X_{t-p} + \varphi_1 y_{t-1} + \cdots + \varphi_q y_{t-q} + \varepsilon_t \tag{8-4}$$

其中，PD_t 代表 t 年度的贷款的平均违约率，y 可以理解为反映银行体系违约概率和各宏观经济变量关系的“中介指标”，X 代表宏观经济变量。利用历史数据进行模型估计，经过处理的违约概率值代入式（8－2)就可以得到综合指标 Y 的估计值。将 Y 代入式（8－3）就可以估计出宏观方程的系数，并以估计方程作为进行宏观压力测试的基础。在执行压力测试的时候，通过压力情境的设定，用不同方法得到的各相关宏观经济变量值代入式（8－3）就可以得到压力情境下的 Y，再通过式（8－2）就估计出了压力情境下的银行系统的违约概率。式（8－4）是关于各宏观经济变量的时间序列模型。考虑到宏观经济因素采取的时间序列数据可能存在变量的滞后性，对各宏观经济变量进行 P 阶自回归分析，以剔除模型中的序列相关性。

在上述模型中，假设μ_t和ε_t是序列不相关的，并且分别服从方差协方差为矩阵$\sum\mu$和$\sum\varepsilon$的正态分布。其中，μ_t和ε_t相关的方差协方差矩阵为$\sum\mu, \varepsilon$。

在 Wilson（1997）和 Virolainen（2004）提出的框架中，y_t仅仅与X_t有关，而本书模型的设定更符合实际情况，y_t不仅与X_t相关，考虑到宏观冲击的时滞效应，y_t还与其滞后期的值y_{t-1}，…，y_{t-n}有关。

从式（8－4）可以看出，模型不仅考虑到了宏观经济变量值之间的相互影响，模型的设定还考虑到了金融体系对宏观经济波动的回馈效应。将银行的表现对经济的反馈影响通过在宏观因素变量的自回归方程中引入综合变量Y来实现。通过综合指标Y的前期值对各宏观经济变量的影响设定来反映现实世界中的金融与经济发展的相互影响关系。

三、宏观压力测试变量选择

表 8－1 列举了国外学者在银行业稳定性评价中宏观经济变量的选择。

表 8－1　宏观经济变量选取对照

芬兰	挪威	瑞典	中国香港地区
市场利率和汇率	利率变化的影响	实际利率水平	HIBOR
资产价格	资产价格	通货膨胀率	实际 GDP 增长率
名义 GDP 增长率	GDP 增长率	增长率	大陆实际 GDP 增长率
储蓄与投资	贷款增长率	中介竞争趋势	房地产价格
货币总量	—	—	—
国际收支	—	—	—

对银行业稳定性的评价应包含一系列指标，但考虑到本书研究的是信用风险的防范问题，仅将违约概率作为信用风险的解释变量。同时，

由于数据可得性的问题和对违约的定义不同，不同学者对违约概率的估算使用了不同的方法。其中，Sorge 和 Virolainen（2005）对芬兰银行系统进行的宏观压力测试分析中以某行业的破产机构数量与总的机构数量的比率作为银行体系面对的违约率（这个方法也为中国学者所使用，如武剑（2003）[①]。Wong 等（2006）建立的香港零售银行信贷风险压力测试框架中，违约概率用逾期 3 个月以上的贷款额与总贷款额的比率来表示。对于宏观变量的选择，Vlieghe（2001）对英国银行体系的累加企业违约概率进行建模估计，发现 GDP、实际利率水平具有较显著的解释能力；熊波（2006）通过建立宏观经济因素的多元 Logit 回归分析，得到 GDP 和通货膨胀率的确是影响中国银行体系稳定性的重要因素。华晓龙（2009）选取了 1990—2006 年四家国有商业银行和交通银行、招商银行、光大银行等十家股份制商业银行的信贷数据作为样本，以平均的逾期贷款率（年末样本银行的总逾期贷款额与总贷款余额的比率）来表示贷款违约率，这是笔者发现的现有关于不良贷款时间序列数据最长的研究，也是本书将其作为主要参考依据的原因。同时，该文通过对国外研究成果的对比分析，选取 NGDP（国内生产总值名义年增长率）、RGDP（国内生产总值实际年增长率）、NR（一年期存款的名义基准利率）、RR（一年期存款的实际基准利率）、NLR（一年期流动资金贷款的名义平均利率）、RLR（一年期流动资金贷款的实际平均利率）、CPI（居民消费价格指数）、RE（房地产价格指数），与国内其他研究成果不同，该文将房地产价格纳入考虑。

四、宏观压力测试实证分析

由于 1990—2006 年的宏观经济数据和本节所定义的商业银行的违约概率都是已知的，将数据代入前述模型进行多元回归分析和模型估

① 武剑．论我国商业银行的行业风险评级与信贷管理［J］．新金融，2003（2）：30－33.

计，得到变量间的计量关系如表 8 - 2 所示。

表 8 - 2　综合经济指标与各宏观经济变量指标多元回归、各宏观经济变量自回归模型结果

解释变量	被解释变量				
	Y	*NGDP*	*NLR*	*CPI*	*RE*
截距（*C*）	4. 384	4. 139	-0. 455	-9. 739	-17. 019
NGDP	0. 042	—	—	—	—
$NGDP_{t-1}$	—	1. 174	—	—	—
$NGDP_{t-2}$	—	-0. 595	—	—	—
NLR	0. 17	—	—	—	—
NLR_{t-1}	—	—	1. 441	—	—
NLR_{t-2}	—	—	-0. 764	—	—
CPI	-0. 019	—	—	—	—
CPI_{t-1}	—	—	—	1. 231	—
CPI_{t-2}	—	—	—	-0. 785	—
RE	-0. 201	—	—	—	—
RE_{t-1}	—	—	—	—	0. 148
Y_{t-1}	-0. 439	-0. 119	0. 762	3. 219	-3. 835
R^2	0. 99	0. 84	0. 93	0. 82	0. 86
DW	2	2. 5	2. 22	1. 95	2. 27

根据回归方程的 t 检验值（5% 的显著性水平），各宏观因素指标的实际值对综合指标的影响并不显著，所以剔除不列入表内。从表 8 - 2 中可以看出，综合经济指标和各宏观经济变量指标的名义值关系显著，且综合指标的一期滞后值对各宏观经济指标影响均显著。从关于综合指标的多元线性回归方程也可以看出，国内生产总值增长率、贷款利率水平、通货膨胀率和房地产价格的确是影响中国银行体系违约概率的显著因素，而且综合指标明显受其一期滞后值的显著影响。

本书选择情境分析作为执行压力测试的方法。针对模型所选取的宏观经济变量，设定两个压力情境：一个是名义国内生产总值大幅下降；

另一个是通货膨胀率上升到较高的水平（5%以上）。对于各种压力情境下反映压力的宏观经济变量的变动幅度，可以通过以往的历史相似情境数据或历史经验直接进行人为设定。反映压力情境的宏观经济变量值的设定方法通常有两种：传统方法和蒙特卡洛模拟法。传统压力测试的方法指在压力情境设定后，对宏观指标 *Y* 进行点估计（假设宏观经济模型中随机扰动项为零）从而得到违约概率期望值的点估计；而用蒙特卡洛模拟将得到综合指标 *Y* 或贷款损失的概率分布（模型中随机扰动项不为零）。取得压力情境的关键在于，在预测时间段内设定了产生压力事件的源变量后其他宏观经济变量的估值问题。这主要是考虑一个宏观因素的异动对其他宏观经济变量造成的冲击。本书采取传统压力测试方法，经过建模分析，在 *NGDP* 增长率为 6%、4%、2% 的情境下，以 *CPI*、*RR*、*RLR*、*RE* 作为被解释变量，以 *NGDP* 作为解释变量分别进行最小二乘估计。在模型的估计过程中，适当引入各宏观因素的滞后变量，并在前文模型估计的基础上，根据作为被解释变量的宏观因素是否受到综合指标 *Y* 的影响来决定是否引入 *Y* 的滞后值。然后根据 *t* 统计检验值和模型拟合优度等检验值，通过解释变量的增加和删减来对模型不断进行调试，从而选定各模型中的最合适解释变量。

在名义 GDP 大幅下降的压力情境设定下，发现 *NGDP* 对 *CPI*、*NLR*、*RE* 都有较强的解释能力，最终确定的其他宏观经济变量关于 *NGDP* 的回归模型如下：

$$CPI = -35.099 + 1.338 \times NGDP + 1.297 \times NGDP(-1) + 3.220 \times Y(-1) \tag{8-5}$$

$$NLR = -6.162 + 0.384 \times NGDP + 2.501 \times Y(-1) \tag{8-6}$$

$$RE = 18.657 + 0.177 \times NGDP(-1) - 4.620 \times Y(-1) \tag{8-7}$$

得到压力情境下各宏观经济变量的估计结果如表 8-3 所示：

表 8 - 3　NGDP 压力情境下其他各变量的取值

NGDP	*CPI*	*NLR*	*RE*
6. 00	3. 74	3. 77	6. 78
4. 00	5. 97	2. 12	5. 74
2. 00	8. 19	0. 46	4. 83

在 *CPI* 大幅上升的压力情境设定下，运用最小二乘法估计，通过估计发现 *CPI* 对 *NGDP*、*NLR*、*RE* 都有较强的解释能力，最终确定的其他宏观经济变量关于 NGDP 的回归模型如下：

$$NGDP = 11.023 + 0.309 \times CPI - 0.120 \times CPI(-1) - 0.448 \times Y(-1) \tag{8-8}$$

$$NLR = 0.315 + 0.1069 \times CPI + 0.129 \times CPI(-1) + 1.594 \times Y(-1) \tag{8-9}$$

$$RE = 20.1641 + 0.053 \times CPI - 4.754 \times Y(-1) \tag{8-10}$$

得到压力情境下各宏观经济变量的估计结果如表 8 - 4 所示。

表 8 - 4　CPI 压力情境下其他各变量的取值

NGDP	*CPI*	*NLR*	*RE*
5. 00	4. 84	2. 81	5. 13
7. 00	3. 25	1. 27	4. 27
9. 00	1. 66	-0. 27	3. 36

利用代入历史相似情境的数据回归后得到的多元线性回归方程作为执行宏观压力测试下的信贷模型，然后构建用于评价银行体系抵御系统性风险的极端情境，通过假设宏观经济变量的异动，利用前面得到的多元线性回归方程和 Logit 模型就可以测算出压力情境下的违约概率期望值的点估计。本书采用传统方法，将表 8 - 3 和表 8 - 4 的各组值分别代入估计出的多元线性回归模型：

$$Y = 4.384 + 0.042 \times NGDP + 0.170 \times NLR - 0.201 \times RE - 0.019 \times CPI - 0.439 \times Y(-1) \tag{8-11}$$

从而得出各压力情境下的综合指标值，再通过 Logit 模型将其转化为违约概率，就得到了压力情境下违约率的点估计值，压力测试结果如表 8 - 5 所示。

表 8 - 5 宏观压力测试执行结果

压力情景	*NGDP*			*CPI*		
	6.00	4.00	2.00	5.00	7.00	9.00
Y	4.13	4.29	4.45	4.75	3.13	1.51
PD（%）	1.18	1.39	1.63	0.88	4.26	18.18

从表 8 - 5 可以看出，在两种压力情境下，中国银行体系的信贷风险明显增加，从模型预测估计出的贷款违约率都有不同幅度的增加。随着国民生产总值增速的大幅降低，贷款违约概率增大，但幅度较小。而随着通货膨胀率的骤增，违约概率出现大幅度的激增。这充分说明在压力情境下，宏观经济变量对银行系统信贷违约概率的冲击效应非常显著。从表 8 - 5 中的数值更能看出，通货膨胀率的同等幅度波动对银行体系信贷违约率值的影响更大。在通货膨胀率的压力情境设定下，贷款违约率的增长幅度高于名义国内生产总值下降情境下的增幅。

表 8 - 5 是华文的最终研究成果，这个研究成果是目前国内关于商业银行信用风险宏观压力测试最经得起推敲的研究成果。首先，其研究思路和建模方法是规范的，借鉴了宏观压力测试的经典文献，同时考虑中国的国情进行了修正和完善；其次，其数据使用是规范的，也比较完整，并且所有实证结论都可以通过检验。但是，再仔细推敲其结论，还是可以发现需要进一步思考的地方。例如，名义 GDP 大幅下降的压力情境设定下，其第三种压力情景为（*NGDP* 2.00，*CPI* 8.19，*NLR* 0.46，*RE* 4.83），相应得到结论（*Y*4.45，*PD*1.63%）；而在 CPI 大幅上升的压力情境设定下，其第三种压力情景为（*CPI* 9.00，*NGDP* 1.66，*NLR* -0.27，*RE* 3.36），相应得到结论（*Y* 1.51，*PD*18.18%）。以上两种

情景下主要指标*NGDP*和*CPI*是相近的，但得到的*PD*一个为1.63%，一个为18.18%，差距较大；同时，在CPI压力情景下出现*NLR*（一年期流动资金贷款的名义平均利率）为负值的情况（*NLR*为0.27），这是基本不可能出现的情景。因此，虽然整个建模和实证过程是严谨的，但结论并不十分令人满意。我们可以从以上结论中得到一个趋势，那就是*NGDP*的下降和*CPI*的上升会增加银行业整体信用风险，但是具体的数量关系是相当难以确定的。如果深入探讨其原因，笔者认为主要有三：一是中国宏观经济时间序列数据并不适合进行直接计量分析；二是由于中国商业银行长期受计划经济的影响，市场化程度不高，1990—2006年中国商业银行的制度和管理模式发生了根本性变化（还包括一些注资和剥离行为），虽然华文也进行了一定的数据处理，但仍不能反映以市场经济为主导的经济体制下各经济变量间的相关关系；三是由于经济的复杂性，Logit模型本身存在模型风险；四是华文对*NGDP*等变量的估计方法是基于历史数据的回归分析，这个方法与压力测试方法是有逻辑悖论的，因为基于历史数据得到的数据关系可能不能反映特殊背景下或者危机背景下的真实情况。

由于目前没有更加可行的研究方法可用，且上述结论亦有较好的理论和实践意义，本书拟基于上述逻辑和结论，参考现实最新数据，对目前中国压力情景下的总体信用风险进行估计。根据本书第7章的研究，房地产对中国GDP的贡献已达到20%，对GDP名义增长率的贡献在1.5~2个百分点，同时考虑到房地产业对GDP的贡献较大，国家出于对就业、国家财政和GDP三个方面的考虑可能采取保增长而弃CPI的策略，且CPI压力指标较NGDP压力指标下信用风险水平要高。综合考虑，本书选择华文（*CPI* 7.00，*NGDP* 3.25，*NLR* 1.27，*RE* 4.27）作为压力情景，相应得到（*Y* 3.13，*PD* 4.26%）的压力测试结论，这同时也是一个滞涨的压力测试结论。考虑到中国GDP增长速度下降为

3.25%的可能性较小，因此将上述结论作一经验调整，根据线性插值法，按*PD*3.5%进行估计。根据银监会统计公报，2008年末中国银行业不良贷款比率为2.4%，该压力测试结果意味着中国整体不良贷款比率可能上升1.1个百分点。当然，这个结论与前几章的结论有不同之处，前几章均是在设定的价格调整目标下研究相应的信用风险问题，而本章则将*CPI*作为了最终压力测试中间变量。原因是根据本章的研究，房地产行业不景气导致宏观经济不景气，再导致商业银行信用风险增大的压力结果是弱于以*CPI*为中间变量的滞涨压力结果的。而根据中国目前的情况分析，在国家担心房地产业继续高速增长带来更大风险积聚的情况下，房地产价格调整导致房地产业的衰退，然后导致宏观经济衰退，以及国家大量投放货币导致*CPI*预期快速上涨很可能是同时存在的。因此，出于保守考虑，本书直接将*CPI*而不是价格调整幅度作为宏观压力测试目标，并根据对中国现实情况的定性分析确定压力值，而不再进行分级测试。

第三节　本章小结

本书选择华文（*CPI* 7.00，*NGDP* 3.25，*NLR* 1.27，*RE* 4.27）作为压力情景，相应得到（*Y* 3.13，*PD*4.26%）的压力测试结论，这同时也是一个滞涨的压力测试结论。考虑到中国GDP增长速度下降为3.25%的可能性较小，因此将上述结论作一经验调整，根据线性插值法，按PD3.5%进行估计。根据银监会统计公报，2008年末中国银行业不良贷款比率为2.4%，该压力测试结果意味着中国整体不良贷款比率可能上升1.1个百分点。同时对该结果作定性说明如下：中国商业银行长期受计划经济的影响，市场化程度不高，1990—2006年中国商业银行的制度和管理模式发生了根本性变化（还包括一些注资和剥离行为），现有数据仍不能反映以市场经济为主导的经济体制下各经济变量间的相关关系。由于经济的复杂性、Logit 模型本身存在模型风险、回归分析方法与压力测试方法存在逻辑悖论等原因，本章的计量方法和计量结果仍有许多需要改进之处。

| 第九章 |

商业银行应对房地产价格调整信用风险的对策

不同的融资类型、不同的行业特点有不同的信用风险防范措施。除第四~第八章提到的信用风险防范措施以外，本书认为，房地产为适宜进行行业限额管理的行业。本章综合运用 MV 模型法、因子模型法、经济资本评价法、基于承认现实的同业占比法，系统地提出了核定商业银行房地产行业贷款限额的思路和方法，并进行实证分析。

本书将房地产价格调整导致的商业银行信用风险统称为“房地产价格调整信用风险”。主要内容在于对信用风险进行定量估算，考虑到研究的特点，不适合对一般性的信用风险防范措施和制度进行大篇幅介绍，因此本书的第三~第六章在进行各类信用风险的估算时，择其重点对相关信用风险的防范进行了重点分析，如各章中对于违约概率的测算方法和信用等级的评定方法等，既是识别存量信贷资产风险度的指标，也是衡量新客户风险水平的标准。本章在对上述各类信用风险进行综合对比分析的基础上，探讨对商业银行或者监管机构来说更为有意义、更具针对性的房地产相关信用风险的防范措施。

西方商业银行普遍认为，行业信用风险的实质即为行业信用集中风险，行业信用风险管理的核心就是保持分散化、避免行业过度集中，并在此基础上形成了包括行业信用风险识别、度量、管理手段（或工具）、监测、报告等内容的管理框架，并以开发信用组合模型准确度量行业信用风险，广泛运用行业信用限额、信用衍生工具等有效手段或工具两方面最为突出。同时，受限于数据的可得性，以客户或者以债项作为资产组合的层面是相当困难的，以行业为层面进行资产组合是比较可行的思路。

就中国商业银行目前的状况而言，按揭贷款的主要问题不在于信用风险较高，而是市场竞争下的收益率偏低；土地储备贷款由于处于起步状态，规模较小，且主要的风险管理方式为名单制管理，适合“一地区一策”，甚至“一地块一策”，尚不适合进行行业限额规定；抵押价值下跌风险的本质是风险缓释技术的运用，行业覆盖面广，属于“锦上添花”的行为，很难量化、分配到具体行业，亦不适合进行限额处理。只有开发贷款风险最大，也最难以控制和把握。本书认为，由于房地产开发贷款自身的特点，商业银行依靠一般的风险防范措施很难在房地产极度繁荣甚至泡沫已很严重的情况下把握好贷款节奏，且一旦出现风险往往导致不可收拾的局面。因此，各商业银行应根据自身的风险承受能力，采用限额管理的方法将房地产开发贷款的余额控制在一定水平之内，也即对开发贷款实行行业限额管理。目前国内对于商业银行行业限额核定的研究较少，国外商业银行一般以组合理论为基础，从研究资产组合的角度间接得到行业限额。本书将在总结前人研究的基础上，探讨适合中国商业银行实际的行业组合限定方法。

第一节　集中度导致高风险的数学解释

资产组合对某一类债务人的风险暴露过高会引起集中度风险的上升，而债务人之间不同的违约相关性则是引起这一现象的根本原因。违约相关性是指不同债务人在发生违约事件时存在一定的关联性，即一个债务人违约率的上升常常伴随着其他债务人违约率的上升，亦指一个债务人的违约在多大程度上导致另一个债务人的违约。给定一个信贷资产组合，贷款之间违约的相关性越高，组合风险越高。至于违约相关性产生的原理，我们可以按照以下思路进行理解：首先，债务人的信用质量和债务人的资产价值之间存在密切的联系，当债务人的债务一定时，其资产价值越高，违约的概率就越低；反之，违约率就会上升，只有债务人的远期资产价值低于某一临界值时，公司才会申请破产，从而发生违约，而企业的远期资产价值取决于它的收益率水平。其次，企业的资产收益率水平不仅取决于企业内部的经营管理情况，而且受外部经营环境的影响，外部环境包括企业生产要素市场和产品市场的情况，宏观经济的发展水平，政府各项政策的制定等，它们的变化往往直接影响到企业的经营成果，从而间接地引起债务人信用质量的变化。由于宏观经济因素的变化往往同时对许多企业的经营产生影响，这就必然引起多个债务人的信用质量同步发生变化，从而产生违约相关性的问题。例如，当经济危机发生时，几乎所有企业的收益率水平都会下降，它们的信用质量同时恶化，经济繁荣时期的情况恰恰相反，但违约相关性并不是引起集中度风险的直接原因，只有债务人违约相关性之间的差异才是关键因素。债务人之间的违约相关性源自宏观经济因素对他们经营业绩的共同影响，但由于所处行业和国家的不同，不同的债务人受同一宏观经济因素的影响程度是不同的。以行业对违约相关性的影响为例，处于同一行业的企业一般对经营环境如产品销售市场的完善程度，原材料市场的稳定性等有相同的要求，同一宏观经济因素的波动对它们的经营往往会产生类似的影响，从而产生较高的违约相关性。而处于不同行业的企业，由于对经营环境的要求不同，它们的经营业绩对某一宏观经济因素的变动会产生不同的反应，从而降低了它们之间的违约相关性。因此，当组合对某一行业的风险暴露过高时，就会使组合中债务人的平均违约相关程度上升，从而引起组合集中度风险的上升。假定存在一个由100只债券组成的投资组合，视为100笔信贷投资组合，这些债券的意外损失率用 UL_i 表示，它们在组合价值中所占的比重为 ω_i，另外假定各债券之间的违约相关系数为 ρ_{ij}，则组合的意外损失率为 UL_p，如式（9-1）。

$$UL_p = \sqrt{\begin{array}{l}\omega_1\omega_1 UL_1 UL_1\rho_{1.1} + L + \omega_1\omega_{100} UL_1 UL_{100}\rho_{1.100} + L + \omega_2\omega_1 UL_2 UL_1\rho_{2.1} + \\ L + \omega_2\omega_{100} UL_2 UL_{100}\rho_{2.100} + L + \omega_{100}\omega_1 UL_{100} UL_1\rho_{100.1} + \\ L + \omega_{100}\omega_{100} UL_{100} UL_{100}\rho_{100.100}\end{array}}$$

$$(i, j=1, \cdots, 100) \quad (9-1)$$

为了更直观地说明问题，进一步假定这些债券的意外损失率都为 UL，在组合价值中所占的比重都为1%，它们之间的违约相关系数 ρ 都相同，则式（9-1）可以简化成式（9-2）：

$$UL_p = \frac{1}{100}UL\sqrt{100 + 100^2\rho} \quad (\rho_{ij}=\rho,\ i\neq j;\ \rho_{ij}=1,\ i=j;\ UL_i = UL) \quad (9-2)$$

可见，违约相关系数 ρ 对组合风险有着至关重要的影响，其轻微变化就会引起组合风险的急剧上升。并且随着组合中资产数目的增加，ρ 的系数以资产数目平方的倍数增加，并最终成为影响组合风险的决定性因素。由此，在对同一行业贷款集中的情形下，由于宏观经济因素对债务人经营业绩的共同影响，使得同一行业不同债务人之间的违约相关性增加，组合中债务人的平均违约相关程度上升，从而增加贷款组合的集中度风险。因此，为规避系统性风险，控制行业集中度是非常必要的①。

第二节 MV模型方法

组合管理是西方现代金融理论的基石，商业银行信贷资产配置同样

① 陈红艳．我国商业银行信贷集中及其风险研究［D］．河海大学，2007.

可以采用组合管理的方法，由于历史和先天的原因，如发起人限制、地区限制、营销能力、政策限制、经历过特殊历史事件、风险偏好限制等，一个银行（即使是全国性大型商业银行）很难做到覆盖国民经济所有行业，而且由于交易费用的存在，全覆盖常常是不经济的，也就是资产组合理论是受交易费用约束的；同时，由于发放持有模式仍占主流，即使得到了各行业的最优限额，由于贷款二级市场的流动性限制，商业银行也很难实现预期的目的。由此，得到一个基本结论，即以国民经济所有行业为基础进行资产组合基本是没有意义的，既有理论意义又有现实意义的方法是商业银行以现有资产组合为基础，对一定收益情况下的组合风险进行测度，并与以国民经济各行业为基础资产的“标准”状态进行对比，在条件允许的情况下调整信贷资产的行业分布。由于各商业银行的情况千差万别，我们没有必要以某一商业银行为例进行组合测度，而深入研究组合管理的思路和算法是最具意义的。

一、数学建模

假设商业银行面临 N 个行业可供选择，商业银行希望对这 N 个行业确定其各自的贷款限额，一个自然的方法是，根据这些行业的风险和收益状况来确定其贷款限额，Markovitz 的资产组合理论是我们首先想到的方法。

在已知各个行业的风险和收益（及其相关性）的情况下，可以首先求出所有行业对应的资产组合前沿（以下称之为“行业资产组合前沿”），这是均值－方差（或者标准差）坐标系上的一条曲线，包含无穷多个点。我们只考虑有效前沿，亦即行业资产组合前沿的上半支。

但是，在运用资产组合理论求解有效前沿的过程中，必须注意国内商业银行不可能卖出甚至卖空贷款或者其近似资产，也就是说存在“卖空约束”。可以证明，在存在卖空约束的条件下，只有在不低于任一单一资产的期望收益率也不高于任一单一资产的期望收益率的收益率水平上，对应的前沿资产组合包含的资产才会多于一种。下面将把待求前沿资产组合的期望收益率限定在上述范围之内。

张卫国（2007）给出了不允许卖空条件下的风险资产有效前沿组合的解析表示。但其求解过程略显复杂。在将期望收益率水平限定在一定范围，并排除前沿组合只包含一种资产（行业）的平凡情形的条件下，这里引入一个简单算法。

该算法的理论依据为以下定理："如果各资产的期望收益率不完全相等，收益率的方差－协方差矩阵是正定矩阵，那么对于既定的期望收益率水平 μ，w 是无卖空约束条件下的前沿组合的权重向量，w'是存在卖空约束条件下的前沿组合的权重向量，如果 w 的第 i 个分量小于 0，那么 w'的第 i 个分量等于 0。"（张卫国，2007：17 引理 2.5）

根据上述定理，首先求无卖空约束条件下的前沿组合的权重向量，从当前资产集合中剔除该向量中小于 0 的分量所对应的资产，然后对所得到的新的资产集合求前沿组合，并按照上述方法剔除多余资产……依次循环……直至所得权重向量的每一个分量均大于 0，将最终的权重向量按照其对应资产在原始资产集合中的排序，将各分量记入原始权重向量，并在剩余的空位上补足 0，即得所求的行业贷款限额。

值得说明的是，根据资产组合理论求解有效前沿，进而推出各行业的贷款限额，首先必须解决的问题是，有效前沿并不是一个单一的点，而是由无数个前沿资产组合对应的点组成的连续区间，应该由哪一个点来确定行业贷款限额呢？如果商业银行事先制订了一个期望收益目标，或者其心目中有一个既定的期望收益值（以下将此称为"合意收益率"），那么这一合意收益率水平对应的前沿资产组合就是确定行业贷款限额的起点。更常见的是，合意的期望收益水平实际上是一个区间，决策者并不在意或者并不知道期望收益率水平最终落在哪一个点上。在后一种情形下，按照一定的步长在这一区间内遍历，得到无卖空前沿资产组合，并排除只投资于单一资产的平凡情形，其投资权重之和按加总次数平均之后，所得到的值可以视为上述区间的行业贷款限额。

下一个问题是，如何确定作为最优行业贷款限额的参数的行业风险和收益？如果资本市场是完全有效或者近似完全有效的，各行业的上市公司在资本市场上的表现就会包含有关各行业的风险和收益的信息。在无法得到各行业真实风险和收益的情况下，各行业的股票组合（可以用适当的行业指数代替，如果存在的话）可以作为真实的行业风险和收益的一个有效近似。

具体而言，可以用行业价格（指数）所蕴含的（样本）均值和（样本）方差来作为行业风险和收益的指标，来计算行业资产组合前沿以及最优行业贷款限额。

二、计算过程

在行业划分方面，银行业和资本市场均存在不同的划分方法。为了数据可得性和方便起见，这里使用深圳交易所编撰的行业指数，具体包括以下 22 个行业指数：农林指数（399110）、采掘指数（399120）、制造指数(399130)、食品指数（399131）、纺织指数（399132）、木材指数(399133)、造纸指数(399134)、石化指数(399135)、电子指数(399136)、金属指数（399137）、机械指数（399138）、医药指数（399139）、水电指数(399140)、建筑指数(399150)、运输指数(399160)、IT 指数（399170）、批零指数（399180）、金融指数（399190）、地产指数（399200）、服务指数(399210)、传播指数（399220）、综企指数（399230）。

样本区间从上述指数开始编撰报告的 2001 年 8 月 22 日，至 2010 年 1 月 22 日。为了充分利用可得信息，这里使用交易日而非会计年度作为时间单位。在上述充分长的样本区间内，由这两种时间单位所得到的行业贷款限额结果是近似等价的。我们使用 Matlab6.5 通过编程计算。在合意收益率等于某个确定水平（记为 *mu*）的情况下，设 *mu* = 1.1688（对应实际总收益率约 15%），各行业贷款限额如下：

表 9-1　单一合意收益率下各行业贷款限额比例（%）

农林行业（399110）	0
采掘行业（399120）	0
制造行业（399130）	0
食品行业（399131）	0.4148
纺织行业（399132）	0
木材行业（399133）	0
造纸行业（399134）	0
石化行业（399135）	0.2801
电子行业（399136）	0
金属行业（399137）	0
机械行业（399138）	0
医药行业（399139）	0.1719
水电行业（399140）	0
建筑行业（399150）	0
运输行业（399160）	0.0828
IT 行业（399170）	0
批零行业（399180）	0.0504
金融行业（399190）	0
地产行业（399200）	0
服务行业（399210）	0
传播行业（399220）	0
综企行业（399230）	0

以上计算将合意收益率设为固定值，这常常是不符合实际情况的，实际情况下我们将预计收益设为一定的区间（例如下界为 1.15、上界为 1.25 的实数区间，对应的收益率介于 15% 和 25% 的区间）。在合意收益率区间等于从所有行业期望收益率的最小值到最大值之间的区间的

情况下，各行业贷款限额如表 9 - 2 所示：

表 9 - 2　区间合意收益率下各行业贷款限额

农林行业（399110）	0
采掘行业（399120）	0.1460
制造行业（399130）	0
食品行业（399131）	0.1941
纺织行业（399132）	0
木材行业（399133）	0.1675
造纸行业（399134）	0
石化行业（399135）	0.0709
电子行业（399136）	0
金属行业（399137）	0
机械行业（399138）	0
医药行业（399139）	0.0744
水电行业（399140）	0.0025
建筑行业（399150）	0
运输行业（399160）	0.0716
IT 行业（399170）	0
批零行业（399180）	0.0123
金融行业（399190）	0
地产行业（399200）	0.0169
服务行业（399210）	0
传播行业（399220）	0
综企行业（399230）	0.2438

以上给出了利用 Markovitz 的 MV 理论计算行业限额的一般方法，并得到了实证结论。计算结果发现，以此方法对房地产行业进行的配置的比例与现实是有较大差距的。在单一合意收益下，房地产行业配置额为零，在区间合意收益率下，对房地产行业配置的比例为 1.69%，与 7% 的现实情况差距较大。对于这个问题可以有以下解释：一是假设来自资本市场的数据能完美地反映各行业收益及其风险的关系，那么目前

商业银行对房地产业的实际配置比例是冒险和短视行为；二是如果承认商业银行目前的配置比例，那么资本市场上的数据需要修正；三是商业银行必须重视自身的数据积累并对以上 MV 模型进行改进。

第三节　因子模型方法

在 Markowitz（1952）的均值方差模型的基础上，Willm Sharpe（1964）等人导出了资本资产定价模型（CAPM），指出资产的期望报酬率仅与该资产的"不可分散风险"成正比，即单项资产的总体风险中只有其中的系统风险对资产期望收益有贡献，在市场均衡时投资者不会因为承担了非系统风险而获得任何期望收益。同时，由于组合贷款的期望收益是构成组合的各项贷款期望收益的加权值，所以单项贷款的总风险中只有系统风险对组合贷款的风险和期望收益有贡献。如果商业银行的贷款只集中在单个行业或少数行业，则相应行业不景气势必造成行业系统风险对贷款质量的影响，但若组合内行业呈现负相关关系，则通过各行业间系统风险的对冲会避免当某一行业不景气时的系统性风险。

一、在总体风险下收益率的确定

单一行业贷款的总体风险中既然只有系统风险对行业贷款组合的期望收益和组合风险有贡献，那么在寻求最优组合行业贷款比例之前，有必要从总体风险中分解出系统风险。设银行有 n 类行业贷款组合可供选择，r_i 代表第 i 类行业贷款的收益率，则收益率 r_i 的表达式：

$$r_i = \alpha_i + \beta_i r_{im} + \varepsilon_i \qquad (9-3)$$

其中，α_i 代表无风险资产收益率，例如政府短期公债的收益率。β_i 代表第 i 类行业贷款占整个行业组合贷款的风险程度，即行业的系统风险系数。r_{im} 代表影响金融资产 i 的因子，例如一个国家或地区的国民经济增长率。ε_i 代表行业组合贷款 i 自身的扰动项。α_i 与 β_i 的数值采用基于历史数据的最小二乘法得到。

由于在 APT 定价中只给出了扰动项 ε_i 的期望为 0，即

$$E(\varepsilon_i) = 0 \qquad (9-4)$$

根据资产 i 的收益率和因子 r_{im} 的历史数据，利用最小二乘法回归得到 α_i 与 β_i 的估计。利用最小二乘法，把式（9-3）变形为：

$$E(r_i) = \alpha_i + \beta_i E(r_{im}) \qquad (9-5)$$

并令：

$$m_{ij} = E(r_i) \qquad (9-6)$$

$$n_{ij} = E(r_{im}) \qquad (9-7)$$

于是有：

$$\alpha_i = \overline{m}_i - \beta_i \overline{n}_i \qquad (9-8)$$

$$\beta_i = \frac{\sum_{j=1}^{k}(m_{ij} - \overline{m}_i)(n_{ij} - \overline{n}_i)}{\sum_{j=1}^{k}(n_{ij} - \overline{n}_i)^2} \qquad (9-9)$$

在式（9-8）、式（9-9）中，k 为企业 i 数据组数，$\overline{m}_i$、$\overline{n}_i$ 为企业 i 的 k 组数据中 m_i、n_i 的均值。这样表达贷款组合收益率的目的一是整个贷款行业市场变动的系统风险用 $\beta_i r_m$ 表示，为商业银行在实际的行业组合贷款操作中，根据行业组合风险对冲系统风险，提供了新的思路。二是因为行业贷款组合 r_m 自身的变动 ε_i 在 APT 定价中只给出了扰动项 ε_i 的期望为 0，这样就大大简化了理论计算。

二、系统风险与非系统风险的分离

利用统计学原理知：

$$\sigma_i^2 = \beta_i^2 \sigma_m^2 + \sigma_\varepsilon^2 \qquad (9-10)$$

式（9-10）表明了行业组合收益率的不确定性（风险）由两个因

素决定，$\beta_i^2\sigma_m^2$ 代表组合行业市场波动因素，即系统风险；σ_ε^2 代表行业组合自身波动因素（非系统风险）。这样就由式（9－10）中的系统风险度量 β_i 将第 i 类行业组合的全部风险分散为系统风险和非系统风险。

$$\sigma_i^2 = \beta_i^2\sigma_m^2 + \sigma_\varepsilon^2 = |\sigma_i^s|^2 + |\sigma_{i\varepsilon}^f|^2 \quad (9-11)$$

其中，σ_i^2 代表第 i 类行业收益率 r_i 的总体风险，σ_i^s 代表第 i 类行业组合的系统风险，$\sigma_{i\varepsilon}^f$ 代表第 i 类行业组合的非系统风险。这样可求出第 i 类行业组合的总体风险，由此推出行业组合贷款的总体风险。注意式（9－11），行业组合的贷款总体风险是由单一行业的系统风险和贷款行业间相关程度来确定的，设 ρ 代表组合行业的风险要考虑单项行业风险和贷款项目间的相关程度。以 σ_p^2 表示行业组合的贷款总体风险。则式（9－11）可以分解成式（9－12）：

$$\sigma_p^2 = \sum_{i=1}^{n} x_i^2\beta_i^2\sigma_m^2 + \sum_{\substack{i=1 \\ i\neq j}}^{n} \sum_{\substack{j=1 \\ i\neq j}}^{m} x_i x_j \beta_i \beta_j \rho_{ij} \sigma_{ij}^2 \quad (9-12)$$

其中，x_i 和 x_j 表示第 i 类和第 j 类贷款比重，ρ_{ij}表示第 i 类和第 j 类贷款行业的相关系数，β_i、β_j 表示第 i 类和第 j 类行业贷款系统风险度量。式（9－12）右边的第一项即为系统性风险。

贷款组合的总风险进一步细分为系统风险和非系统风险，是为了让商业银行的贷款决策者对贷款行业相关程度较低或者负相关的行业进行贷款组合，使得组合的风险值尽可能地小。

三、相关系数的确定

通过式（9－11）可以求出第 i 类行业组合的全部风险分散为系统风险和非系统风险，而由于总体风险要考虑第 i 类行业贷款的风险和第 j 类行业贷款间的相关程度，设银行有 n 类行业组合贷款可供选择，如果用 ρ_{ij} 代表第 i 类行业贷款与第 j 类行业贷款间的相关系数，则：

$$\rho_{ij} = \frac{\sigma_{ij}}{\sigma_i \sigma_j} \quad (9-13)$$

其中，σ_i 表示第 i 类贷款的收益率的标准差，σ_j 表示第 j 类贷款的收益率的标准差，σ_{ij} 表示第 i 类贷款与第 j 类贷款的协方差。

四、目标函数的建立

设定行业组合贷款比例向量为

$$x = (x_1, x_2, \cdots, x_n)^T \tag{9-14}$$

注意到式（9－3）中，r_{im} 代表影响金融资产 i 的因子，例如一个国家或地区的国民经济增长率，则第 i 类贷款年度的平均收益率为：

$$\bar{r}_{im} = \frac{1}{n}\sum_{j=1}^{n} r_{imj} \tag{9-15}$$

本书中代表风险的统计量是收益率的方差，它可以度量收益率围绕其平均值的变化程度。用现有的收益率历史数据，可对方差进行统计估计。则有：

$$\sigma_m^2 = \frac{1}{m-1}\sum_{i=1}^{m}(r_{imt} - \bar{r}_{imt})^2 \tag{9-16}$$

这样参照式（9－12）得出行业组合的贷款总体风险目标函数

$$\min\sigma_p^2 = \left(\sum_{i=1}^{n} x_i^2\beta_i^2\sigma_m^2 + \sum_{\substack{i=1\\ i\neq j}}^{n}\sum_{\substack{j=1\\ i\neq j}}^{m} x_i x_j \beta_i \beta_j \rho_{ij}\sigma_{ij}^2\right) \tag{9-17}$$

由式（9－17）进一步展开得

$$\min\sigma_p^2 = (x_1\beta_1, x_2\beta_2, \cdots, x_n\beta_n)(x_1\beta_1, x_2\beta_2, \cdots, x_n\beta_n)^T \tag{9-18}$$

五、约束条件的建立

（一）行业组合贷款的预期收益率约束

本模型所研究的是在预先设定行业组合收益率约束的前提下，在一定的期望收益下，具有最小风险，设 r_p 代表行业组合贷款的预期收益率，其组合收益率表达式为：

$$r_p = \sum_{i=1}^{n} x_i\alpha_i + \sum_{i=1}^{n} x_i\beta_i r_{im} \geqslant r_0 \qquad (9-19)$$

由式（9－19）提出公因子 x_i，进一步合并得：

$$\sum_{i=1}^{n} x_i\left[\sum_{i=1}^{n}(\alpha_i + \beta_i r_{im})\right] \geqslant r_0 \qquad (9-20)$$

由式（9－20）进一步展开得：

$$\sum_{i=1}^{n}(x_1, x_2, \cdots, x_i)\begin{bmatrix}\alpha_1 + \beta_1 r_{1m}\\ \alpha_2 + \beta_2 r_{2m}\\ \vdots \\ \alpha_i + \beta_i r_{im}\end{bmatrix} \geqslant r_0 \qquad (9-21)$$

由式（9－21）整理得：

$$\sum_{i=1}^{n}\left(\frac{\alpha_i}{\beta_i} + r_{im}\right)(x_1\beta_1, x_2\beta_2, \cdots, x_n\beta_n) \geqslant r_0 \qquad (9-22)$$

其中，r_0 代表行业组合贷款收益率。

建立预先设定行业组合收益率约束的好处是使行业组合贷款的预期收益不低于某一预定值，这也反映了商业银行的效益性原则。

r_p 的取值在考虑商业银行风险的基础上，兼顾目标利润率确定。

（二）行业贷款组合比例约束

对于任何组合贷款的比例，都不存在着买空卖空行为，因而，贷款比例都是一个非负而且等于 1 的数。所以有：

$$\sum_{i=1}^{n} x_i = 1 \qquad (9-23)$$

$$0 \leqslant x_i \leqslant 1\ (i = 1,\ 2,\ \cdots,\ n) \qquad (9-24)$$

建立行业组合贷款比例约束的好处是使银行决策者通过负相关行业的风险对冲，避免了选择单个或少数行业进行贷款所导致的当该行业不景气时的系统性风险对贷款质量的影响，降低了贷款组合的系统性风险。

六、优化模型的建立

根据目标函数式（9－18），约束条件式（9－22）、式（9－23）和式（9－24），建立总体风险优化决策模型如下：

$$min\sigma_p^2 = (x_1\beta_1, x_2\beta_2, \cdots, x_n\beta_n)\ \rho\ (x_1\beta_1, x_2\beta_2, \cdots, x_n\beta_n)^T \tag{9-25}$$

约束条件：

$$\sum_{i=1}^{n}(\frac{\alpha_i}{\beta_i} + r_{im})(x_1\beta_1, x_2\beta_2, \cdots, x_n\beta_n) \geqslant r_0 \tag{9-26}$$

$$\sum_{i=1}^{n} x_i = 1 \tag{9-27}$$

$$0 \leqslant x_i \leqslant 1\ (i = 1, 2, \cdots, n) \tag{9-28}$$

根据数学和统计学的知识，如果数据充分，上述模型是可解的。由于各商业银行的具体组合情况差异较大，同时得到各银行的数据较为困难，不再对上述模型进行实证分析，但本部分将系统风险与非系统风险分离组合的思路是值得借鉴的。以上是洪忠诚（2006）的主要研究成果①，由于每个行业的规模不同，收益大、风险小的行业可能因市场容量有限不能满足模型计算出的限额要求。如黄金行业对银行来说收益相对较大，风险相对较小，但全国黄金行业的年产值太小，远小于钢铁行业的产值，因此即使钢铁行业对银行的收益和安全水平均相对较低，但银行业整体或者某一商业银行一般情况下在钢铁行业上配置的信贷资产仍远大于黄金行业。所以，应该以某行业的规模为基础，再结合商业银行自身的营销能力等其他因素，增加行业上限作为第三个上限约束。当然，如果细化所有的监管制度，模型中还需要加入其他方面的约束函数。由于此优化模型的建立要求商业银行各行业贷款的收益率数据，因

① 洪忠诚．商业银行风险管理中的贷款组合分配模型研究［D］．大连理工大学，2006.

此不可能进行实证分析，只对模型的建立和方法进行探讨，具备数据条件的商业银行或者监管机构完全可以据此计算银行的各行业限额，并进行风险水平的判断和比较。

另外，需要重点强调的是，以上两种资产组合核定行业限额的方法是有局限性的。从理论上讲，一个有效市场下的行业收益率的方差是可以完全包含其风险的，所以我们可以直接将组合计算结果作为行业限额核定的基础。但是，由于大多数情况下，我们面对的市场是半有效甚至是非有效的，所以一定要用本书第 3 章提到的压力测试方法进行风险承担能力的估算，以期对行业限额进行必要的修正。

第四节　经济资本方法

虽然行业限额是商业银行限额管理中非常重要的一部分，但是正如本章第 2 节所述，由于限额的核定需要确定相应行业的风险偏好标准（即使对各个行业的风险特点已有较好把握，仍然是个非常复杂的工作），对所有行业均制定限额是不经济的，甚至可能对信贷资产组合产生过度干预（由于数据和指标的缺陷、各类冲击的不可预料性、组合调整的难度等因素，完全依赖组合模型常常不能得到准确的结果）。因此，商业银行应该在组合管理的基础上，采取非组合的集中度管理方式，对商业银行应该关注的特殊行业（如房地产业）进行差异化和精细化的管理；对非特殊行业，寻找同质组合，按照一定的关联关系和风险收益特征进行分块处理。本节将研究房地产业的集中度管理方式。

一、中间变量选择

如果不以组合的思路确定行业限额，我们需要寻找替代“风险—收益”的决策变量（如把“预期”作为决策变量，当行业预期损失超过10亿元则不再增加该行业授信或贷款)，以该中间变量的分配和变化情况决定行业的资产配置。根据《巴塞尔新资本协议》的理论基础和方法，本书总结了以下常用的核定行业限额的中间变量的设定方法，即：承诺敞口、违约风险敞口、预期损失、监管资本和经济资本等。根据现代商业银行管理的最新理论和实践，本书建议以经济资本作为行业限额分配的基础，但仅以经济资本的绝对额为标准并不能衡量经济资本配置的效率，因此建议使用相对指标，即经济资本效率指标（行业经济资本配置额/行业 EAD，以下简称“经济资本效率”）作为经济资本配置即行业限额配置的中间变量和标准。

二、分析过程与配置方法

实践中，经济资本的配置会遇到三种情况，即经济资本供给等于、小于或者大于经济资本需求。如果经济资本等于或者小于经济资本需求，那么一行业经济资本的增加意味着其他行业经济资本的减少。如果经济资本的供给大于经济资本的需求，那么剩余经济资本的分配意味着商业银行的决策层拟在总体战略上增加风险承担。但无论哪种情况出现，经济资本配置的评价标准是一致的，即经济资本效率。首先，需要根据行业经济资本效率区分行业特征，并进行分组（根据分组结果我们发现，某些行业的波动规律是近似的，不以资本效率为评价指标同样可以将非敏感行业划分为几个大类）。根据国内 A 银行某年的数据，可得到行业风险暴露与经济资本占用关系图（如图 9－1 所示）。

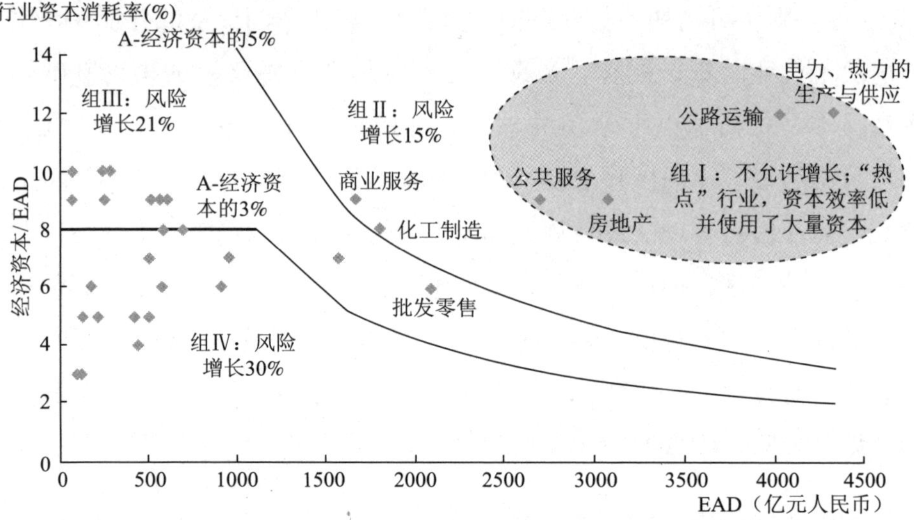

图9－1　行业风险暴露与经济资本占用关系图（结果进行了一定调整）

由图9－1可以看出，行业间具有明显的资本消耗差异，因此可以进行分组处理，其中房地产业资本效率较低且占用了大量经济资本，属于应重点关注的行业，也是最有必要进行限额管理的行业。假设新一年度该银行计划增加经济资本供给300亿元，并相应增加整体风险承担，同时认为房地产行业所在的分组已不能继续增加资本占用，则增加的经济资本将被分配至其他行业，经济资本分配计划和行业限额确定方法见表9－3。

表9－3　经济资本分配计划和行业限额确定计算表

项目/组	组Ⅰ	组Ⅱ	组Ⅲ	组Ⅳ	总计
目前的经济资本	A1	A2	A3	A4	A
资本效率（经济资本/EAD）	X1	X2	X3	X4	X
经济资本额	Y1	Y2	Y3	Y4	300
EAD限额	由各组经济资本和资本效率求出				
目前的EAD	Z1	Z2	Z3	Z4	Z5
剩余EAD空间（行业限额增加额）	EAD限额——目前的EAD（分组计算）				

表9－3中，EAD限额＝经济资本/相应行业的经济资本效率。由于上文设定房地产业限额不变，所以经济资本分配至其他行业并导致相应EAD限额增加。如果管理层认为房地产行业限额可以继续增加，则可以将新增经济资本分配给房地产行业一部分，房地产行业的EAD就可以实现相应增加，这也就完成了房地产行业限额的核定。

但是，上述计算过程简化了一个十分重要的步骤，那就是如何判断房地产行业目前的经济资本占用和资本效率是否匹配。由于经济资本的占用本质上是非预期损失的定量计算问题，因此我们要分析非预期损失的计量方法。根据《巴塞尔协议》相关规定，客户I的第j笔债项的非预期损失为：

$$UL_{i,j} = E_{i,j} \times \sqrt{PD_i \times \sigma^2_{LGD(i,j)} + LGD^2_{i,j} \times \sigma^2_{PD(i)}} \qquad (9-29)$$

其中，$E_{i,j}$表示客户i的第j笔债项的风险暴露，$LGD_{i,j}$表示客户i的债项j的违约损失率；PD_i表示客户i的违约概率。$\sigma_{PD(i)}$、σ_{LGD}（i，j）分别为PD、LGD的均方差，其中，$\sigma^2_{PD(i)} = PD$（$1-PD$），σ_{LGD}（i，j）取为0。

由式（9－29）可见，非预期损失取决于债项的PD及LGD，由于不同的经济和市场环境下PD与LGD差异较大，因此存在一个关于PD和LGD的判断问题，假设管理层认为未来房地产行业的PD和LGD均将快速上升，则可能维持或者压缩目前房地产行业的授信额度。

三、压力测试对行业限额的调整

由于非预期损失仍然不能反映极端情况下商业银行的损失水平，也即受压条件下商业银行的承受能力，因此商业银行应进行以压力测试为手段的行业限额调整工作，具体方法可以借鉴本书第3章的相关内容。由于压力测试结果属于商业银行的机密，不在此进行数据罗列，但是由计算结果可以观察到，房地产行业在压力情景下损失水平快速上升。因此，银行管理层首先需要判断压力情景发生的可能性大小，然后据以进行行业限额的调整。由于该调整取决于各银行管理层风险鉴别能力和风险偏好，进行实证分析的意义不大，不再赘述。

四、基于承认现实的同业占比法

据笔者调研，按照新巴塞尔协议的要求，目前国内主要商业银行的标准数据积累已有 7～8 年，已有条件开展以内部评级法为基础的风险管理工作，并进入高级阶段。对一个大型商业银行来说，即使以规范的组合方法可以得到一个行业的“准确”限额，由于中国信贷资产的“发放持有模式”仍占主导地位，也很难按目标调整资产配置。对于国内众多的中小银行来说，既缺乏进行组合管理的数据，又缺乏进行组合管理的人才，且由于规模较小，进行组合管理的意义不大。因此，本书提出一个最为简单的行业限额计算方法，即基于现实的同业占比法。该方法确定行业限额的思路是根据某行业银行负债总额和该银行信贷资产总额占银行业信贷资产总量的比例，确定该银行对某行业融资额的参考值；然后，根据该银行管理层对该行业风险和收益的判断，确定对该行业的融资额度是否需超过全行业平均水平；最后，根据该银行资产组合的调整难度和该银行对某行业的营销能力，确定最终限额。当然，这个限额不是一成不变的，需要根据内外部情况的变化进行动态调整。

第五节 本章小结

资产组合管理理论是商业银行进行行业限额管理的理论基础，如果存在充分的数据，商业银行可在一系列监管约束和风险偏好约束的条件下进行较为科学的行业组合管理工作。对于规模较大，管理较规范，数据积累充足的商业银行可采取资产组合优化模型确定行业限额；如果数据积累不充分，或者经过组合分析发现组合结果比较难以实施，则可以使用基于压力调整的集中度管理方法；对于一般的商业银行，则建议采用基于承认现实的同业占比法。当然，在条件满足的情况下（如实施性价比较高，且准确度较好），上述方法的联合运用和校验当然是最优的行业限额确定方案。

| 第十章 |

结束语

本书在尝试对房地产相关信用风险进行分类研究的基础上，对中国房地产行业相关信用风险及其影响进行了全面分析和估算。略去对信用风险产生机理的分析和对信用风险估算方法的回顾，主要结论和政策建议可概括为：在温和压力情景下，目前中国银行业是可以通过房地产价格下调压力测试的；但是，如果继续容忍房地产投资的非理性、超预期增长，一旦出现房地产价格深幅调整，后果将难以想象；目前中国的房地产相关信用风险主要体现为开发贷款信用风险，而控制开发贷款信用风险首要的措施就是控制存货投资节奏，建议在抑制房地产价格过快增长的同时，合理控制开发商的投资预期，将存货投资控制在适当的水平。

另外，尽管本人有 6 年金融从业经历，3 年大型房地产企业集团工作经历，并且在近两年的写作过程中进行了充分的资料阅读、数据整理和实地调研工作，但是出于各方面的原因，本书仍然有诸多遗憾之处需要进行进一步的研究和探讨，主要如下：

第一，由于中国没有经历过房地产市场的整体性严重衰退，以历史数据拟合的变量间的计量关系，可能不能反映压力情景下房地产市场的走势及其对银行业的影响，是否可以部分地用成熟市场国家的数据进行替代，是否可以采取其他方法对现有数据进行处理，是否可以再开发比类似现金流随机模拟方法更为科学的压力测试方法是下一步的重点研究方向。

第二，本书有两处涉及信用收缩风险对银行业的影响，一是抵押价值风险中的信用收缩风险，二是宏观压力测试中的信用收缩风险；有一处涉及宏观经济衰退对银行业的影响，即宏观压力测试。但由于数据、模型限制等原因，对信用收缩和宏观经济衰退引起的银行业不良资产的增加尚难以更为准确地计量，能否将其作为一个独立的课题从行业之间的关联入手建立一个庞大的行业信用风险关系模型和数据库是以后思考的方向。

第三，违约损失率的大小不但取决于房地产价格调整幅度，还取决于房地产价格调整的时长，而且国际上对违约损失率的研究尚十分有限，因此同时考虑调整幅度和调整时长，进行房地产相关信用风险违约损失率的测度是以后努力的方向。

第四，本书在对开发贷款、按揭贷款、储备贷款进行独立分析的基础上，结合抵押价值风险进行风险分析，最后又以宏观压力测试对房地产金融的关联风险和外部风险进行了风险分析尝试，这种思路存在可加性方面的不足。如果能对以上各专门风险的测度指标进行统一规范，并在统一的框架下进行信用风险的联合统一测度当是最理想的选择，但这是非常困难的。

第五，在行业贷款限额核定方面，本书中的建模方法和思路已比较前沿和科学，但是由于数据的缺乏，尚不能以平均资金成本、RAROC、贡献调整后风险等更加优化的指标进行限额核定的实证分析，并根据其他特殊情况进行模型和参数调整，这是具备数据条件的机构和研究人员的努力方向。

综上，虽已尽力，但仍有诸多不足之处，希望老师、同行多多指正。

参考文献

中文文献

[1] 邱兆祥. 论我国股份制商业银行发展的若干问题 [J]. 财经理论与实践, 2005 (6): 12-16.

[2] 邱兆祥, 王保东. 信贷调控对宏观经济运行影响的实证分析 [J]. 西南金融, 2008 (8): 8-10.

[3] 邱兆祥, 秦泓波. 从美国次贷危机看海外投资问题 [J]. 浙江金融, 2008 (5): 4-9.

[4] 刘刚, 白钦先. 热钱流入、资产价格波动和我国金融安全 [J]. 当代财经, 2008 (11): 43-49.

[5] 段忠东, 曾令华. 资产价格波动与金融稳定关系研究综述 [J]. 上海金融, 2007 (4): 16-20.

[6] 杨朝军, 廖士光, 孙洁. 房地产业与国民经济协调发展的国际经验及启示 [J]. 统计研究, 2006 (9): 59-64.

[7] 印堃华, 等. 房地产业在上海经济发展中的支柱地位研究 [J]. 财经研究, 2000 (12): 44-50.

[8] 况伟大. 房地产关联效应研究 [J]. 中国城市经济, 2006 (5): 40-42.

[9] 许宪春, 李文政. 中国房地产业的核算体系亟待改革 [J]. 宏观经济管理, 1999 (3): 20-24.

[10] 刘洪玉, 等. 房地产业所包含经济活动的分类体系和增加值

估算［J］. 统计研究，2003（8）：24－27.

［11］中国投入产出学会课题组. 我国目前产业关联度分析［J］. 统计研究，2006（11）：3－8.

［12］于晨曦，孙俊波. 商业银行抵押风险分析［J］. 金融论坛，2008（1）：41－47.

［13］何国刊，曹振良，李晟. 中国房地产周期研究［J］. 经济研究，1996（12）：51－77.

［14］张晓晶，孙涛. 中国房地产周期与金融稳定［J］. 经济研究，2006（1）：23－33.

［15］王东，陈诗骏. 基于优化扩散指数法对房地产周期波动的研究［J］. 经济评论，2007（5）：76－81.

［16］中国社科院财贸经济研究所“房地产周期波动研究”课题组. 中国房地产周期波动：解释转移与相机政策［J］. 财贸经济，2002（7）：26－33.

［17］陈阳，陈双杰. 房地产开发企业违约概率压力测试研究［J］. 金融论坛，2009（4）：37－42.

［18］刘晓星. 风险价值、压力测试与金融系统稳定性评估［J］. 财经问题研究，2009（6）：57－65.

［19］孙彬，杨朝军，于静. Copula 函数选择对投资组合压力测试的影响分析［J］. 管理科学，2009（4）：99－105.

［20］华晓龙. 基于宏观压力测试方法的商业银行体系信用风险评估［J］. 数量经济技术经济研究，2009（4）：117－128.

［21］周子元. 商业银行信用风险压力测试的方法和实践［J］. 金融理论与实践，2009（8）：68－70.

［22］王文群. 试论我国房地产周期波动与当前宏观调控政策取向［J］. 江西社会科学，2005（12）：89－92.

［23］王曦，刘光中. 我国房地产经济周期分析［J］. 城市开发，2005（7）：62－65.

［24］刘宏峰，杨晓光. 违约损失率的估计：发达国家的经验及启示［J］. 管理评论，2003（6）：23－27.

[25] 吴世农，卢贤义．我国上市公司财务困境的预测模型研究[J]．经济研究，2001（6）：46－55.

[26] 陈晓，陈治鸿．企业财务困境研究的理论、方法及应用[J]．投资研究，2000（6）：29－33.

[27] 钱爱民，张淑君，程幸．基于自由现金流量的财务预警指标体系的构建与检验——来自中国机械制造业A股上市公司的经验数据[J]．中国软科学，2008（9）：148－155.

[28] 林平，赵永伟．农村信用社信用危机预警体系研究[J]．金融研究，2001（6）：45－65.

[29] 国泰，秦学志，朱战宇．基于单位风险收益最大原则的贷款组合优化决策模型[J]．控制与决策，2000（4）：470－472.

[30] 童雪琼．当前土地储备贷款问题的调查与思考[J]．南方金融，2007（1）：66－67.

[31] 李强，崔健．土地储备制度新规对我国土地制度的影响[J]．中南民族大学学报（人文社会科学版），2008（4）：122－125.

[32] 王志诚．用期权定价原理分析抵押贷款的信用风险[J]．金融研究，2004（4）：95－105.

[33] 杨建莹，钱皓．商业银行抵押贷款问题调查[J]．金融研究，2008（3）：79－87.

[34] 沈沛龙，崔婕．内部评级法中违约损失率的度量方法研究[J]．金融研究，2005（12）：86－95.

[35] 陆磊，李世宏．微观决策与经济体制：房地产泡沫下的居民—金融部门破产[J]．金融研究，2004（9）：34－50.

[36] 张涛，龚六堂，卜永祥．资产回报、住房按揭贷款与房地产均衡价格[J]．金融研究，2006（2）：162－173.

[37] 张文红，杜文忠．河北省土地储备贷款的调查与分析[J]．华北金融，2006（11）：43－45.

[38] 朱腊生．当前土地储备贷款风险值得重视——对江西省34家土地储备中心贷款情况的调整[J]．金融与经济，2005（12）：83－84.

[39] 何自力．抵押贷款违约损失率研究[J]．南方金融，2006

(1): 29－31.

[40] 于晨曦. 抵押风险分析和抵押贷款违约损失率研究 [J]. 金融论坛, 2007 (2): 33－39.

[41] 陈诗一. 德国公司违约概率预测及其对我国信用风险管理的启示 [J]. 金融研究, 2008 (8): 53－71.

[42] 王倩, T. Hartmannwendels. 信用违约风险传染建模 [J]. 金融研究, 2008 (10): 1－11.

[43] 王胜邦, 陈颖. 新资本协议内部评级法对宏观经济运行的影响: 新经济周期效应研究 [J]. 金融研究, 2008 (5): 48－64.

[44] 王晓中. 房地产过热、外汇储备增长与货币政策操作——谈宏观经济的央行视角 [J]. 金融研究, 2004 (5): 134－138.

[45] 王爱俭, 沈庆劼. 人民币汇率与房地产价格的关联性研究 [J]. 金融研究, 2007 (6): 13－22.

[46] 曾康霖. 必须关注房地产经济的特殊性及其对金融的影响——对我国现阶段房地产经济的理论分析 [J]. 金融研究, 2003 (9): 39－43.

[47] 约瑟·A. 罗培斯, 马可·R. 圣登勃格, 管七海, 郭建伟, 冯宗宪. 信用风险模型有效性的评估方法探析 [J]. 国际金融研究, 2002 (9): 15－21.

[48] 杨睿. 金融危机背景下中国房地产金融市场的发展与监管 [J]. 中国房地产, 2009 (2): 63－64.

[49] 约翰·M. 奎戈里, 陈海秋. 房地产市场、泡沫与亚洲金融危机研究 [J]. 管理观察, 2009 (2): 183－186.

[50] 何德旭, 郑联盛. 美国金融危机与“大萧条”: 比较与启示 [J]. 中国社会科学院研究生院学报, 2009 (1): 5－11.

[51] 宋勃, 高波. 利率冲击与房地产价格波动的理论与实证分析: 1998—2006 [J]. 经济评论, 2007 (4): 46－56.

[52] 李宾. 房价变动及其趋势——新古典增长理论的启示 [J]. 经济评论, 2008 (4): 44－50.

[53] 吴卫星, 汪勇祥, 梁衡义. 过度自信、有限参与和资产价格

泡沫［J］. 经济研究，2006（4）：115－127.

［54］黄忠华，吴次芳，杜雪君. 房地产投资与经济增长——全国及区域层面的面板数据分析［J］. 财贸经济，2008（8）：56－72.

［55］钱金保. 中国房地产价格的泡沫检验和空间联动分析［J］. 南方金融，2008（12）：133－142.

［56］黄大海. 违约贷款回收率：基于国外实证研究的分析［J］. 上海金融，2006（10）：55－58.

［57］袁志刚，樊潇彦. 房地产市场理性泡沫分析［J］. 经济研究，2003（3）：34－90.

［58］王来福，郭峰. 货币政策对房地产价格的动态影响研究——基于VAR模型的实证［J］. 财经问题研究，2007（11）：15－19.

［59］梁云芳，高铁梅. 中国房地产价格波动区域差异的实证分析［J］. 经济研究，2007（8）：133－142.

［60］张昕. 我国商业银行个人住房抵押贷款业务的脆弱性分析［J］. 上海金融，2007（7）：79－81.

［61］李健飞. 经济转轨时期中国房地产融资风险防范——理论与实证［M］. 北京：中国金融出版社，2006.

［62］赵庆森. 商业银行信贷风险与行业分析——以中国钢铁工业为实证［M］. 北京：中国金融出版社，2004.

［63］张卫国. 现代投资组合理论：模型、方法与应用［M］. 北京：科学出版社，2007.

［64］吕光明. 经济周期波动测度方法与中国经验分析［M］. 北京：中国统计出版社，2008.

［65］董文泉，等. 经济周期波动的分析与预测方法［M］. 长春：吉林大学出版社，1998.

［66］高波，等. 转型时期中国房地产市场成长［M］. 北京：经济科学出版社，2009.

［67］杨灿. 国民核算与分析通论［M］. 北京：中国统计出版社，2005.

［68］史东辉. 中国房地产业发展的根本问题［M］. 北京：中国建

筑工业出版社，2008.

英文文献

[69] Ronald W. Kaiser. The Long Cycle in Real Estate [J]. Journal of Realestate Research, 1997 (14): 233 -257.

[70] Grenadier, Steven. The Persistence of Real Estate Cycles [J]. Journal of Real Estate Finance and Economics, 1998 (10): 95 -119.

[71] Ramom Adalid and Carsten Detken. Liquidity Shocks and Asset Price Boom/Bust Cycles [Z]. European Central Bank Working Paper Series, 2007 (732).

[72] Andra C. Ghent and Michael T. Oxyang. Is Housing the Business Cycle? [Z]. Evidence from U. S. Cities, Federal Reserve Bank of St. Louis Working Paper Series, 2009 -007A.

[73] Suparna Chakraborty. Financial Acceleration in Action: Economic Fundamentals, Real Estate Dynamics and Business Cycles in Japan [Z]. City University of New York - Zicklin School of Business, Working Paper Series, 2009 -03 -02.

[74] Asarnow E. , D. Edwards. Measuring Loss on Defaulted Bank Loans: A 24 - year Study [J]. The Journal of Commercial Lending, 1995 (77): 11 -23.

[75] Carty L. , D. Liebermail. Defaulted Bank Loan Recoveries [Z]. Moody's Investors Services, 1996 (11).

[76] Greg M. Gupton, Roger M. Stein. LossCalcTM: Moody's Model for Predicting Loss Given Default [J].

[77] Greg M. Gupton, Daniel Gates and Lea V. Carty. Bank - Loan Loss Given Default [R]. Moody's Investors Service, Global Credit Research, 2000 (11).

[78] Til Schuermann. What Do We Know About Loss - Given - Default [Z]. Federal Reserve Bank of New York.

[79] Viral V. Acharya. Understanding the Recovery Rates on Defaulted Securities [J].

[80] William F. Treacy, Mrk S. Carey. Credit Risk Rating at Large U. S. Banks [J]. Federal Reserve Bulletin, 1998 (11).

[81] Briys E., F. de Varenne. Valuing Risky Fixed Rate Debt: An Ex – tension [J]. Journal of Financial and Quantitative Analysis, 1997, 32 (2).

[82] Finger, Christopher C. Conditional Approaches for Credit Metrics Portfolio Distributions [J]. CreditMetrics Monitor, 1999.

[83] Franks, Julian R., Sussman. Financial Distress and Bank Restructuring of Small to Medium Size UK Companies [J]. CEPR Discussion Paper, 2003 (3915).

[84] Frye. Collateral Damage [J]. Risk, 2000a, 13 (4): 91 – 94.

[85] Frye. Depressing Recoveries [J]. Risk, 2000b, 13 (11): 108 – 111.

[86] Longstaff, F. and E. Schwartz. A Simple Approach to Valuing Risky [J]. 1995.

[87] Fixed and Floating Rate Debt [J]. Journal of Finance, 50.

[88] Michael B. Gordy. Credit VAR and Risk – bucket Capital Rules: A Reconciliation, Proceedings [J]. Federal Reserve Bank of Chicago, 2000.

[89] Kupiec, Paul. Stress – testing in a Value at Risk Framework [J]. Journal of Derivatives, 1999.

[90] Shaw, J., Beyond VaR and Stress - testing [J]. KPMG/Risk Publications, 1997.

[91] Enoch Ch'ng, Technical Paper on Credit Stress – Testing [J]. MAS, 2003.

[92] Stress Testing of Financial Systems: An Overview of Issues, Methodologies, and FSAP Experiences [J]. IMF Working Paper, 2001.

[93] Stress Testing the German Banking System [R]. Deutsche Bank, 2003.

[94] De Greef, I. J. M., and R. T. A. deHaas. Housing Prices, Banking Lending, and Monetary Policy [Z]. The Financial Structure, and Behavior

and Monetary Policy in the EMU Conference. Groningen, 2000.

[95] Nagahata, T., Y. Saita, T. Sekine, and T. Tachibana. Equilibrium Land Prices of Japanese Prefectures: A Panel Cointegration Analysis [J]. Bank of Japan Working Paper Series, 2004. No. 04 – E – 9.

[96] Ortalo – Magné, F. and S. Rady. Boomin, Bust Out: Young House holds and the Housing Price Cycle [J]. European Economic Review, 2004, No. 43.

[97] Annett, A. Euro Area Policies: Selected Issues [J]. IMF Country Report, No. 05/266. 2005.

[98] Quigley John M. Real Estate Prices and Economic Cycles [J]. 1999 (2): 1 – 20.

[99] Abelson P., Rjoyeux, G. Milunovich and D. Chung. Explaining House Prices in Australia: 1970 – 2003 [J]. Economic Record, 2005, VOL 81: S96 – S103.

[100] Gavin Cameron, John Muellbauer, and Anthony Murphy. Was There A British House Price Bubble? [Z]. 2006.

[101] Herring, R. and S. Wachter. Bubbles in Real Estate Market [J]. Zell/Lurie Real Estate Center working paper, 2002, No. 402.

[102] Meen, G. The Removal of Mortgage Constraints and the Implicationsfor Econometric Modeling of UK House Prices [J]. Oxford BulletinofEconomic and Statistics, 1990 (32): 1 – 23.

[103] Muellbauer, J. and Murphy, A. Booms and Busts in the UK Housing Market [J]. 1997: 1701 – 1727.

[104] Brown, Stephen J., Liu, Crocker H. A Global Perspective on Real Estate Cycles [J]. The NewYork University Salomon Center Serieson Financial Markets and Institutions, 2001 (6).

[105] Downs, A. Real Estate and Long – Wave Cycles [J]. National Real Estate Investor, 1993 (6).

[106] Gerlach, S. and W., Peng. Bank Lending and Property Prices in Hong Kong [J]. HK MAQuarterly Bulletin, 2002 (8).

[107] Maddala, G. S. and Wu, S. A Comparative Study of Unit Root Tests with Panel Data and a New Simple Test [J]. Oxford Bulletin of Economics and Statistics, 1999 (61): 631 -652.

[108] Mueller, G. and S. Laposa. Evaluating Real Estate Markets Using Cycle Analysis [J]. 1994.

[109] Crocker, H. Liu, David, J. Hartzell, Wylie Greig, Terry V. Grissom. The Integration of the Real Estate Market and the Stock Market: Some Preliminary Evidence [J]. The Journal of Real Estate Finance and Economics, 1990 (3): 261 -282.

[110] Ali F. Darrat, John L. Glascock. On the Real Estate Market Efficiency [J]. The Journal of Real Estate Finance and Economics, 1993 (7): 55 -72.

[111] Hany S. Guirguis, Christos I. Giannikos, Randy I. Anderson. The US Housing Market: Asset Pricing Forecasts Using Time Varying Coefficients [J]. The Journal of Real Estate Finance and Economics, 2005, 30 (1): 33 -53.

[112] Daniel Fernάndez - Kranz, Mark T. Hon. A Cross - Section Analysis of the Income Elasticity of Housing Demand in Spain: Is There a Real Estate Bubble [J]. The Journal of Real Estate Finance and Economics, 2006, 32 (4): 449 -470.

[113] Bertrand Renaud. The 1985 to 1994 Global Real Estate Cycle: An Overview [J]. Journal of Real Estate Literature, 1997, 5 (1): 13 -44.

[114] Daniel Friedman. On Economic Applications of Evolutionary Game Theory [J]. Journal of Evolutionary Economics, 1998, 8 (1): 15 -43.

[115] Wong K. P. On the Determinants of Bank Interest Margins under Credit and Interest Rate Risks [J]. Journal of Banking and Finance, 1997 (21): 251 -271.

[116] Ho, T. and Saunders, A. The Determinants of BankInterest

Margins: Theory and Empirical Evidence [J]. Journal of Financial and Quantitative Analysis, 1981, 16 (4): 581 -600.

[117] Lerner, E. M. Discussion. The Determinants of Bank Interest Margins: Theory and Empirical Evidence [J]. Journal of Financial and Quantitative Analysis, 1981, 16 (4): 601 -602.

[118] Saunders, A., and Schumacher L. The Determinants of Bank Interest Rate Margins: An International Study [J]. Journal of International Money and Finance, 2000 (19): 813 -832.

[119] Angbazo, L. Commercial Bank Net Interest Margins, Default Risk, Interest - rate Risk and Off - balance Sheet Banking [J]. Journal of Banking and Finance, 1997 (21): 55 -87.

[120] Zarruck, E. R. Bank Margin with Uncertain Deposit Level and Risk Aversion [J]. Journal of Banking and Finance, 1989 (13): 797 -810.

[121] Allen, L. The Determinants of Bank Interest Margins: A Note [J]. Journal of Financial and Quantitative Analysis, 1988, 23 (20): 231 - 235.

[122] Basel Committee on Banking Supervision. Operational Risk.

[123] Namit Sharma. Operational Risk in the Basel 11. Framework [Z]. A Survey of BIS Publications, 2001.

[124] Anthony Saunders. Credit Risk Measurement [M]. New York: John Wiley & Sons, 1999.

[125] Merton R. On the Pricing of Corporate Debt: The Risk Structure of Interest Rate [J]. Journal of Finance, 1974 (28): 449 -470.

[126] KMV Corporate. Credit Monitor Overview [J]. San Francisco California, 1993: 60 -66.

[127] Gupton G. M., Christopher Finger, Credit Metrics - Technical Document [M]. New York: J. P. Morgan & Co. Incorporate, 1999: 80 -100.

[128] Credit Suisse Financial Products. Credit Risk +: A Credit Risk Management Framework [M]. London: Credit Suisse Financial Products, 1997: 223 -250.

[129] Wilson T. Portfolio Credit Risk Ⅰ [J]. Risk, 1997, 10 (9): 18 -26.

[130] Wilson T. Portfolio Credit Risk Ⅱ [J]. Risk, 1997, 10 (10): 57 -90.

[131] Charles A. Calhoun, Yongheng Deng. A Dynamic Analysis of Fixed - and Adjustable - Rate Mortgage Terminations [J]. The Journal of Real Estate Finance and Economics, 2002, 24 (1 -2): 9 -33.

[132] Bank for International Settlements. Stress Testing by Large Financial Institutions: Current Practice and Aggregation Issues [J]. CGFS Publications, 2000 (14).

[133] Breuer, Thomas, Martin Jandacka, Klaus Rheinberger and Martin Summer. Macroeconomic Stress and Worst Case Analysis of Loan Portfolios, 2008, 6.

[134] Chorafas, D. N. Stress Testing for Risk Control under Basel II [M]. Elsevier, 2007.

[135] Deutsche Bundesbank. Stress Testing the German Banking System [J]. Monthly Report, 2003.

[136] Dovern, Jonas, Carsten - Patrick Meier, and Johannes Vilsmeier. How Resilient is the German Banking System to Macroeconomic Shocks? [J]. Kiel Institute for the World Economy, Working Paper, 2008 (1419).

[137] Drehmann, Mathias A. Market Based Macro Stress Test for the Corporate Credit Exposures of UK Banks [J]. 2005.

[138] Hoggarth, Glenn, Steffen Sorensen, and Lea Zicchino. Stress Tests of UK Banks Using a VAR Approach [Z]. Bank of England, Working Paper Series, 2005 (282).

[139] Peura, Samu and Esa Jokivuolle. Simulation Based Stress Tests of Banks' Regulatory Capital Adequacy [J]. Journal of Banking & Finance, 2004, 28 (8): 1801 -1824.

[140] Merton, R. C. On the Pricing of Corporate Debt: The IUsk

Structure of Interest Rates [J]. Journal of Finance, 1974 (29).

[141] Bernanke, Ben, Cara Lown. The Credit Crunch [J]. Brookings Papers on Economic Activity, 1991 (2): 205-239.

[142] PetrKade ř ábek, Aleš Slaby, Josef Vodi čka. Stress Testing of Probability of Default of Individuals IES Working Paper: 11/2008 [J]. Institute of Economic Studies, Faculty of Social Sciences, Charles University in Prague.

[143] Bank for International Settlements, Stress Testing at Major Financial Institutions: Survey of Results and Practice' [J]. Report by the Committee on the Global Financial System, 2005.

[144] Boss, M. A Macroeconomic Credit Risk Model for Stress Testing the Austrian Credit Portfolio [J]. Financial Stability Review 4, Oesterreichische National bank, 2002.

[145] Sorge Marco. Stress Testing Financial Systems: An Overview of Current Methodologies [Z]. BIS Working Papers, 2004 (165).

[146] A Market Based Macro Stress Test for the Corporate Credit Exposures of UK Banks Mathias Drehmann [J]. Bank of Engl and April, 2005.

[147] Michael C. S. Wong, Yat - fai Lam, Macro Stress Tests and History - Based Stressed PD: The Case of Hong Kong, Forthcoming in the Journal of Financial Regulation and Compliance, March 2008.

[148] Altman E., Rating Migration of Corporate Bonds: Comparative Results and Investor/Lender Implications [Z]. 1997.

[149] Morgan, J. B. and T. L. Gollinger Calculation of an Emcient Frantier for a Commercial Loan Portfolio [J]. Journal of Portfolio Management, 2003 (1): 28-32.

后　记

本书在我的博士论文基础上修订完成，虽然距博士论文完成已过6年，但面对近几年的经济金融形势，反观当年对中国房地产价格调整下中国商业银行信用风险估算与防范问题的研究，感想良多。目前来看，书中结论经过时间的检验基本是正确的，因此决定将论文修订后出版，并尽可能原汁原味地呈现给读者，以期为读者的学习和研究提供参考。

笔者

2016年6月